昆仑润滑"每日一课"

车船润滑油脂及车辅产品

主　编：杨俊杰
副主编：汤仲平　汪利平

石油工业出版社

内容提要

本书采用"每日一课"的形式介绍了车船润滑油脂及车辅产品相关知识，包括发动机润滑油及其功能特性、汽油机油及其应用、商用车及柴油发动机润滑、新能源汽车及其润滑、汽车传动系统及其润滑、车用汽油及其使用相关问题、车用柴油及其使用相关问题、车辆辅助油液及其应用、摩托车润滑油及其应用、船舶润滑油及其应用、汽车润滑脂及其应用、航空油脂液、十大车用油脂液及其关键特征指标、润滑油的主要理化指标及检测等14个方面。

本书适合从事车船润滑油脂及车辅产品研发、销售、管理的人员阅读，也可供车船用户阅读和参考。

图书在版编目（CIP）数据

车船润滑油脂及车辅产品 / 杨俊杰主编. —北京：石油工业出版社，2018.9

（昆仑润滑每日一课）

ISBN 978-7-5183-2874-1

Ⅰ.①车… Ⅱ.①杨… Ⅲ.①汽车—润滑脂—研究 ②船舶—润滑脂—研究 Ⅳ.①TE626.4

中国版本图书馆CIP数据核字（2018）第214030号

车船润滑油脂及车辅产品

杨俊杰　主编

出版发行：石油工业出版社
　　　　（北京安定门外安华里2区1号楼　100011）
　　网址：www.petropub.com
　　编辑部：（010）64523546　发行部：（010）64523633
经　　销：全国新华书店
印　　刷：北京中石油彩色印刷有限责任公司

2018年9月第1版　2021年11月第2次印刷
710×1000毫米　开本：1/16　印张：16.75
字数：260千字

定价：80.00元
（如出现印装质量问题，我社发行部负责调换）
版权所有，翻印必究

《昆仑润滑"每日一课"》
编 委 会

主　　　任：肖宏伟

常务副主任：宫伟军

副　主　任：孙树好　孙艳波　李晓东　周敬成　刘中大

委　　　员：伏喜胜　姜卫华　杨俊杰　屈智煜　李　楠　王子坚　闫好强
　　　　　　朱有秀　汤仲平　李韶辉　王长清　刘宗海　糜莉萍　马书杰
　　　　　　徐小红　周亚斌　韩　扬　杨晓钧　侯育闯　吴　键　黄胜军
　　　　　　谢平平　吕会英　张大华　汪利平　吴长彧　马江波　郎需进
　　　　　　付　佳　赵　瑛　毛丰吉　马国梁

《车船润滑油脂与车辅产品》
编 写 组

主　　编：杨俊杰

副 主 编：汤仲平　汪利平

编写人员：刘泉山　张大华　王永红　金　鹏　金理力　李　静　杨国峰
　　　　　冯振文　金志良　孙瑞华　程　亮　张　杰　范　闯　谢平平
　　　　　李小刚　张　勤　糜莉萍　徐晶晶　董红霞　刘　倩　谢建海
　　　　　李海平　丁建芬　朴吉成　付代良　韩　旭　王　莉　杨传富
　　　　　秦俊龙　孔桂良　王林春　李文华　张进龙　张宇东　黄东升
　　　　　刘晓磊　孙翔兰

序一

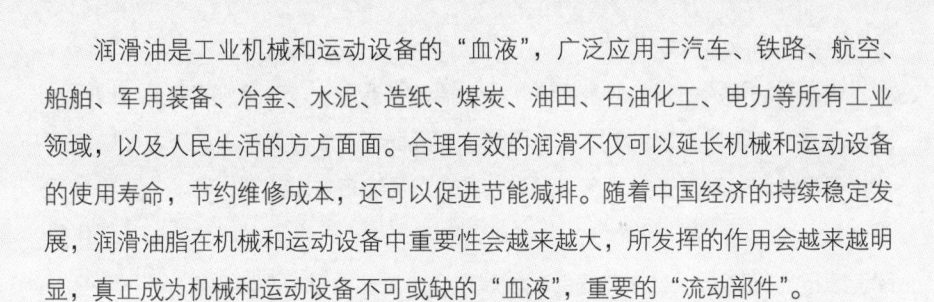

润滑油是工业机械和运动设备的"血液",广泛应用于汽车、铁路、航空、船舶、军用装备、冶金、水泥、造纸、煤炭、油田、石油化工、电力等所有工业领域,以及人民生活的方方面面。合理有效的润滑不仅可以延长机械和运动设备的使用寿命,节约维修成本,还可以促进节能减排。随着中国经济的持续稳定发展,润滑油脂在机械和运动设备中重要性会越来越大,所发挥的作用会越来越明显,真正成为机械和运动设备不可或缺的"血液",重要的"流动部件"。

现在,全国上下正在党的十九大精神鼓舞下,以永不懈怠的精神状态和勇往直前的奋斗姿态,为实现中华民族伟大复兴的中国梦而撸起袖子加油干,全面推进"一带一路"倡议和全球命运共同体新实践。为实现"中国制造2025"、从中国制造到中国创造,工业设备仍然是各类经济活动的重要基础,无论高铁、航空航天、海洋运输、机器人和精密制造,都需要更加精准可靠的润滑,润滑技术及其实践都需要一个更大的提升,特别要向着以客户及其设备为焦点、市场和应用为中心,着眼将技术转化为现实的价值。

为此,我们在《合理润滑技术手册》(2011版)基础上,从设备、客户和市场出发,以问题为导向、以科技理论和实践经验为支撑,重新梳理了润滑技术,并组织编写了本套丛书,以期为业界提供一个"用碎片化时间,学习系统化知识"的崭新平台。丛书初步拟定分为《车船润滑油脂及车辆产品》《工业与特种润滑油》《润滑脂及其应用》《润滑油脂分析评定与监测》《润滑油脂应用及问题处置》以及《润滑营销每日一课》6册,由中国石油润滑油公司润滑油技术资深专家、昆仑学校常务副校长、中国内燃机学会和汽车工程师学会常务理事杨俊杰教授担任主编,由中国石油润滑油研发中心、产品设计中心和昆仑学校各领域专

家团队合作完成。

　　中国石油润滑油分公司是集研、产、销、服务为一体的专业化公司，拥有润滑油及其添加剂研究开发的国家级团队，有责任也有能力为中国经济发展中的各种尖端机械和运动设备提供良好润滑。昆仑润滑油正在以营销、研发、品牌、互联网+、海外"一带一路"和人才等六大战略为核心，全面实施"3369"宏伟蓝图，践行"360度服务成就未来"的发展理念，重塑昆仑润滑油形象。

　　本套丛书的编辑出版，在促进昆仑润滑油发展的同时，也必将成为机械、运动设备和润滑油行业技术沟通的"桥梁"，为机械设备各行业合理选择润滑油提供帮助，为您的设备加油助威，为您的事业成功助力！

　　我们不奢望一套丛书就能够从根本上改变由来已久的粗放润滑局面，但我们相信天道酬勤，付出努力不一定成功、不付出努力却一定失败，我们愿尽己之能，为中国产业升级、润滑水平提高有所贡献。

中国石油润滑油公司
党委书记、总经理

序二

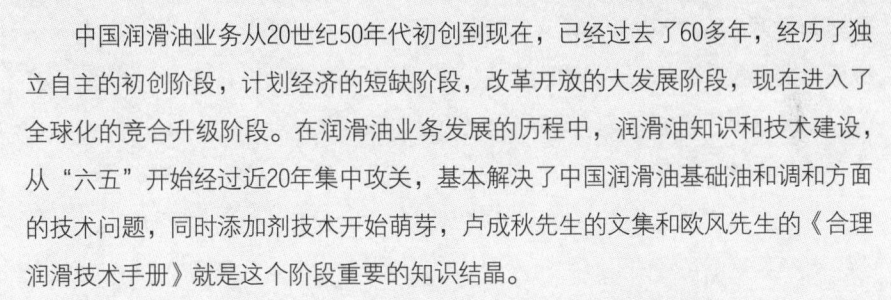

中国润滑油业务从20世纪50年代初创到现在，已经过去了60多年，经历了独立自主的初创阶段、计划经济的短缺阶段、改革开放的大发展阶段，现在进入了全球化的竞合升级阶段。在润滑油业务发展的历程中，润滑油知识和技术建设，从"六五"开始经过近20年集中攻关，基本解决了中国润滑油基础油和调和方面的技术问题，同时添加剂技术开始萌芽，卢成秋先生的文集和欧风先生的《合理润滑技术手册》就是这个阶段重要的知识结晶。

21世纪以来，国际上机动车排放和节能所推动的发动机技术进步，极大地影响了中国的润滑油行业。加氢基础油加快了应用，柴油机油继汽油机油之后进入规格快速升级阶段，工业润滑油的性能有了全面提升，多年来润滑油行业所说的"高档化、低黏化和清洁化"趋势变成现实，润滑油的各种名称没有太多变化，但是规格标准和检测方法都已有了巨大变化。为此，2010年在中国石油润滑油公司和时任总经理廖国勤支持下，由笔者担任主编，组织中国石油润滑油研发中心骨干团队编写的，由石油工业出版社出版的《润滑油脂及其添加剂》一书，是从技术和理论出发，对润滑油和添加剂技术进行了一次全面更新。

党的十八大以来，中国经济进入新常态，国民经济各个行业都在经历由大变强，从制造到创造的转型飞跃。润滑油行业也进入了从被动应对家门口的国际竞争，到以自主创新支持中国制造走向世界的新时代，更加需要聚焦市场、聚焦客户、聚焦问题。而信息化时代，行业和职业变化加快，不仅同业竞争日益加剧、跨界打劫也时有发生，一方面人们的时间碎片化已成必须面对的现实，另一方面很难指望学生期间学到的知识在入职后可以受用终身。如何利用好碎片化时间，进行系统化的学习和终身学习，是我们每个人适应新时代的重要课题。本套丛书正是为了适应新的形势，为广大润滑油业界人员，提供一个利用碎片化时间系统化学习润滑技术的基础，是中国石油润滑油公司为实现"做强技术""做优服务"和"做大品牌"三个定位，所进行的一项标志性工程。

在生活和工作节奏加快，人们的时间被碎片化的今天，资讯变得广泛且可便捷获取，令我们利用碎片化时间学习不仅是必需的，而且也是方便和可能的。当然，也需要提醒读者的是，利用碎片化时间的学习，不能仅仅停留在被动地接受碎片化信息和知识，那样会被信息所淹没，甚至出现认知混乱，使人难以集中精力；真正的学习是，主动将碎片化的信息和知识，及时消化理解、实践检验并整理归纳到自己的系统化知识结构中，才能变成可以应用自如的有效智力。自身的知识系统和碎片化信息之间，就像是皮与毛，或者是植物的根茎和枝叶的关系，再好的枝叶随机采来很快就会枯萎乃至腐坏，只有适时嫁接到坚实的枝干上，才能变成新的生命体，不断焕发茂盛的生机，这才是学习和成长。笔者自己就是在从事润滑油行业的20余年时间里，从书本上建立理论框架，从生产研发和营销实践中，从客户和三代润滑油技术专家身上，得到了不少碎片化的知识，然后再及时整理完善润滑技术的知识框架，以便能够在产、研、销、服的各种具体情景下，结合实际灵活应用。

本套丛书是从问题出发，聚焦市场和客户关切，同时又以科学理论和实践经验为基础，所进行的一次知识梳理。本丛书在汤仲平、李韶辉等集团公司技术专家支持下，由笔者负责主编，其中各个专题和课件是由中国石油润滑油研发领域一批技术骨干负责编写。

中国石油润滑油公司的领导团队一直致力于整个国家润滑水平的提高，非常重视研发和知识建设工作，正是在他们的亲自安排和指导下，本书才能够快速、顺利地完成，在此一并表示感谢。

本套丛书汇集了各位编著者多年的理论和实践经验，并经过多次讨论调整、修改。力图做到理论与实际相结合，每个课件能够集中阐述一个问题，尽量做到"问题导向、逻辑完整、图表支撑、数据点睛"，以便为润滑相关各行业广大读者提供一套解决问题接地气、灵活易读好消化、科学系统可持续的工具书，但仍难免有不尽人意、甚至错误之处，恳请广大读者给予批评指正！

前言

我国汽车和船舶产业的迅速发展，给燃料油和润滑油脂行业也带来了巨大的发展机遇。环保法规的升级，对车用燃料油的质量规格提出了越来越苛刻的要求。同时，随着环保和节能标准的不断提高，未来润滑油脂将朝着更环保、更节能的趋势发展。《车船润滑油脂及车辅产品》一书，正是为了满足广大用户对车用润滑油脂以及车辅产品认知的渴望，分别从发动机及其润滑、乘用车，商用车，新能源汽车，车用桥箱润滑油、车用汽油柴油、车辆辅助系统油液、摩托车润滑油及船舶润滑油、航空油液、十大车用油液及其关键指标以及润滑油常用理化指标及其检测等篇章进行了全面和系统性的阐述，尽量为广大读者用碎片化时间进行系统化学习，奠定内容基础。

本书力求通过图文并茂、通俗易懂的形式，达到知识性与逻辑性并举、资料性与可读性一致、广泛性与实用性统一、理论与实践兼顾的目的，引领读者快速掌握车船润滑油脂及车辅产品的基本研究内容、技术动态、发展趋势和未来发展方向。

全书由汪利平、张大华、金志良、金鹏、张杰、刘泉山、程亮、杨国锋、金理力、孙瑞华、李小刚、王永红、董红霞、张勤、范闯、秦俊龙等撰写，汤仲平、杨俊杰审核定稿。

感谢中国石油润滑油公司领导以及昆仑润滑学校侯玉闯老师在丛书出版中付出的巨大心血；感谢石油工业出版社编辑部和发行部为此书出版发行辛勤工作的同事们，尤其是张贺老师的努力，本书才能及时与大家见面。

由于时间和精力所限，瑕疵之处，恳请广大读者给予批评指正！

汤仲平

目 录
CONTENTS

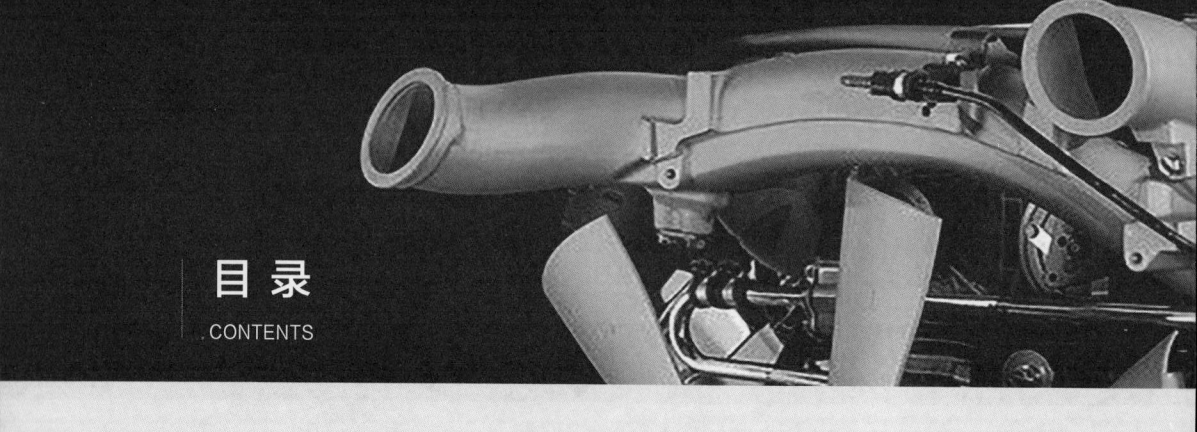

第一章　发动机润滑油及其功能特性

第一课　发动机及其润滑 // 3

第二课　二冲程与四冲程发动机润滑 // 4

第三课　API标准的起源及发展 // 6

第四课　发动机润滑油的黏度和质量等级 // 8

第五课　发动机润滑油的四大作用 // 10

第六课　发动机润滑油的六大性能 // 12

第七课　发动机润滑油燃油经济性的评价 // 13

第八课　发动机润滑油高温清净性的评价 // 15

第九课　发动机润滑油分散性的评价 // 17

第十课　发动机润滑油的黏度与HTHS // 18

第十一课　发动机润滑油的倾点与CCS // 20

第十二课　发动机润滑油的抗泡性能 // 21

第十三课　发动机润滑油的灰分与金属元素 // 22

第十四课　非标发动机润滑油的危害 // 24

第二章　汽油机油及其应用

第一课　乘用车的润滑 // 29

第二课　乘用车发动机润滑油的选用 // 31

第三课　汽油机油的分类 // 33

第四课　节能型润滑油的发展与应用　// 35

第五课　发动机技术与燃料对汽油机油的要求　// 36

第六课　发动机润滑油的更换　// 38

第七课　汽油机油发展趋势　// 40

第八课　不同代用燃料对润滑油的要求　// 42

第九课　车内VOC及甲醛排放　// 44

第十课　乘用车内甲醛排放水平　// 46

第三章　商用车及柴油发动机润滑

第一课　柴油机油的发展趋势　// 51

第二课　API柴油机油新规格　// 52

第三课　国内OEM对柴油机油的需求　// 53

第四课　昆仑长寿命柴油机油15W-40D12　// 54

第五课　润滑油滤清及滤清器　// 56

第四章　新能源汽车及其润滑

第一课　新能源汽车的概念及分类　// 61

第二课　燃气发动机润滑油及其分类　// 62

第三课　燃气发动机润滑油灰分的重要性　// 63

第四课　燃气发动机润滑油性能特点　// 64

第五课　醇类发动机润滑油性能特点 // 65

第六课　混合动力润滑油 // 66

第七课　润滑油节能的两种方法 // 68

第八课　真正的新能源车还未到来？ // 70

第九课　昆仑燃气发动机润滑油 // 72

第五章　汽车传动系统及其润滑

第一课　乘用车手动变速箱油 // 77

第二课　商用车手动变速箱油 // 78

第三课　重负荷车辆齿轮油 // 79

第四课　电动车传动系统用油要求 // 81

第五课　长寿命车辆齿轮油及其价值 // 83

第六课　汽车自动传动液及选用 // 84

第七课　自动变速箱油ATF // 85

第八课　无级变速箱油CVTF // 86

第九课　双离合器变速箱油DCTF的发展及应用 // 87

第十课　汽车动力转向液 // 88

第六章　车用汽油及其使用相关问题

第一课　车用汽油标准及发展趋势 // 93

第二课　汽油辛烷值　// 94

第三课　汽油的馏程　// 96

第四课　车用汽油的实际胶质　// 97

第五课　汽油饱和蒸气压　// 98

第六课　车用汽油的胶质及其控制　// 99

第七课　超级汽油CN98　// 100

第八课　汽油清净性评价方法　// 102

第九课　汽柴油添加剂对发动机的影响　// 104

第十课　使用汽柴油添加剂能节油吗？　// 105

第七章　车用柴油及其使用相关问题

第一课　车用柴油质量标准及发展趋势　// 109

第二课　柴油的凝点　// 110

第三课　柴油的冷滤点　// 111

第四课　柴油的十六烷值　// 112

第五课　柴油的馏程　// 113

第六课　柴油喷嘴清净性　// 114

第七课　柴油车排放法规　// 116

第八课　柴油尾气净化液AUS 32及其标准　// 117

第九课　SCR系统的作用及工作原理　// 118

第十课　柴油尾气净化液包装物要求　// 119

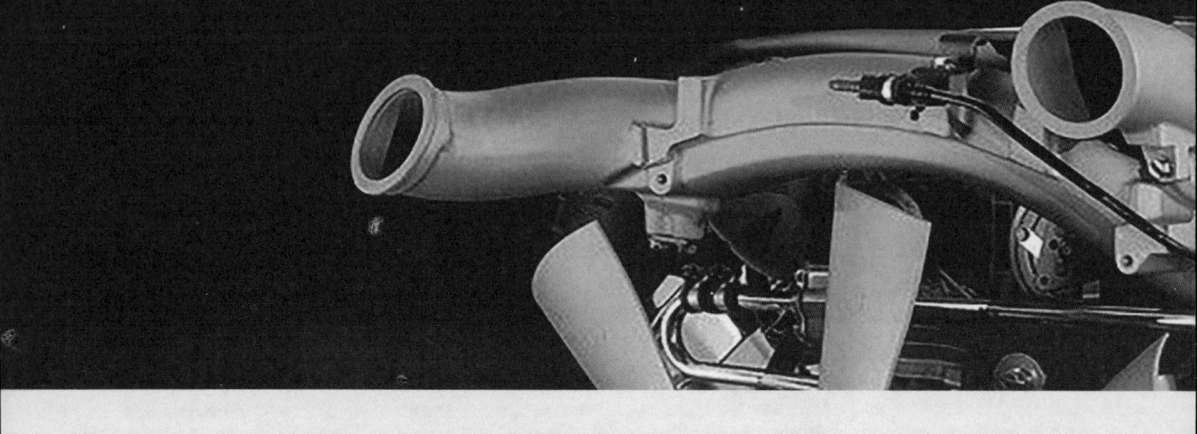

第十一课　柴油尾气净化液储运要求 // 120

第十二课　柴油尾气净化液质量不达标的后果 // 121

第十三课　柴油车SCR系统常见故障及处置 // 123

第十四课　柴油防凝剂 // 125

第八章　车辆辅助油液及其应用

第一课　冷却液的分类及使用 // 131

第二课　千万不要用自来水替代冷却液 // 132

第三课　玻璃水的分类及使用 // 133

第四课　刹车液的分类和选用 // 134

第五课　冷却液市场注意事项 // 136

第六课　汽车风窗玻璃清洗液冰点的选择 // 137

第九章　摩托车润滑油及其应用

第一课　摩托车润滑油的分类 // 141

第二课　四冲程摩托车润滑油标准 // 143

第三课　摩托车润滑油和汽油机油的异同 // 144

第四课　汽油机油不宜替代摩托车润滑油使用 // 145

第五课　摩托车润滑油发展趋势 // 147

第十章　船舶润滑油及其应用

第一课　船舶发动机及其分类 // 151

第二课　船用柴油发动机与陆用柴油发动机区别 // 153

第三课　船用润滑油的分类 // 155

第四课　船用燃料油标准ISO 8217及燃料切换 // 157

第五课　国际海洋环保法案及硫排放控制区SECA // 158

第六课　生物可降解艉轴油两大核心要求 // 160

第七课　船舶发动机"缸套—活塞环"的典型磨损 // 161

第八课　船用润滑油的科学采样 // 163

第九课　船用润滑油的监测更换 // 164

第十课　船用油的分水试验 // 166

第十一课　舰船通用柴油机油 // 167

第十一章　汽车润滑脂及其应用

第一课　商用车轮毂轴承润滑特点 // 173

第二课　商用车轮毂轴承润滑脂选择及应用 // 174

第三课　商用车底盘润滑脂 // 175

第四课　汽车等速万向节CVJ润滑脂 // 176

第五课　车身附件及其润滑脂 // 178

第六课　其他车用润滑脂 // 180

第七课　汽车润滑脂及其发展趋势 // 181

第十二章　航空油脂液

第一课　航空发动机润滑油评价测试 // 185

第二课　航空发动机润滑油 // 187

第三课　直升机传动系统润滑油 // 188

第四课　常用航空燃料 // 189

第五课　活塞式航空发动机润滑油 // 190

第六课　航空涡轮发动机润滑油 // 191

第七课　航空液压油 // 192

第八课　航空冷却液 // 193

第九课　航空润滑脂产品及发展 // 194

第十三章　十大车用油脂液及其关键特性指标

第一课　乘用车发动机润滑油应用中最重要的四个指标 // 199

第二课　商用车柴油机油应用中最重要五个指标 // 202

第三课　汽车自动传动液最重要的五个指标 // 205

第四课　液力传动油应用中最重要的五个指标 // 208

第五课　车用齿轮油应用中最重要的五个性能指标 // 211

第六课　刹车液应用中最重要的五个指标 // 214

第七课　商用车轮毂脂最重要的五个指标 // 217

第八课　冷却液应用中最重要的五个指标 // 219

第九课　汽车风窗玻璃清洗液最重要的三个性能指标 // 222

第十课　柴油尾气净化液最重要的五个指标 // 225

第十四章　润滑油的主要理化指标及其检测

第一课　润滑油的外观与色度 // 231

第二课　润滑油的密度与比重 // 232

第三课　润滑油的黏度 // 233

第四课　润滑油的黏度指数 // 235

第五课　润滑油的闪点和燃点 // 237

第六课　润滑油的机械杂质与清洁度 // 238

第七课　润滑油的水分 // 239

第八课　润滑油的残炭与灰分 // 241

第九课　润滑油的酸值和碱值 // 243

第十课　润滑油的皂化值 // 245

参考文献 // 246

Lubricating Oil, Grease and Auxiliary Products for Automobile and Ship

第一章

发动机润滑油及其功能特性

Chapter 1

润滑油被形象地比作汽车发动机的血液，它对发动机的重要性也不言而喻，绝对不只是字面上的"润滑"这么简单。综合来说，发动机润滑油在发动机之中，要发挥并持续发挥润滑抗磨、分散清净、冷却换热和密封防锈的四大作用，发动机润滑油本身就需要具备润滑、抗磨、清净、分散、抗氧化和低温流动等六大性能。

本章首先从发动机及二、四冲程发动机润滑原理出发，讨论了发动机结构及其在润滑特性上的差异，这些差异决定了油品成分上的区别，二冲程发动机润滑油和四冲程发动机润滑油是不能相互混用的。然后从发动机润滑油质量级别和黏度级别两大分类指标进行细致说明。再从API标准发展的历程出发，论述了发动机润滑油不断适应市场需求和发动机技术发展所带来的挑战并不断推陈出新的过程。并从润滑油的四大功能和六大特性出发，对各项关键评价指标进行了阐述。

最后，结合我国润滑油市场上的一些概念性炒作事件进行了理性分析，无论润滑油经营者还是车主都应当审慎对待市场上的营销噱头，一旦使用非标润滑油产品后果十分惨痛。

第一课　发动机及其润滑

众所周知，发动机在运转时，它的许多机件在做高速摩擦运动，如果其摩擦部位得不到合适的润滑，就会产生干摩擦。试验证明，这种干摩擦产生的摩擦力是很大的，它不但要消耗较大的动力，而且产生的热量在很短的时间内可使摩擦面的金属熔化，甚至能使发动机零部件卡死。因此，对工作中的发动机零部件必须给予良好的润滑。

为了得到正常润滑，现代发动机都设计了一套润滑系统，包括油底壳、集滤器、润滑油滤清器、润滑油泵以及机油道等（图1）。通过润滑油泵的强制循环或飞溅润滑的方式，将润滑油输送到发动机各个摩擦副，保证发动机的正常运转。

润滑油进入摩擦副后，就黏附在摩擦表面上，形成一层油膜，从而使两个摩擦面尽可能地不直接接触。当机件相互摩擦时，每一个机件与黏附在上面的油膜一同运动。这样金属间的干摩擦就变成液体油层间的液体润滑了，因为液体润滑摩擦系数比干摩擦系数小很多，所以摩擦力显著减少。这样一来，发动机就能更好地发挥有效功率，并能使机件的摩擦也大大减少。如果在润滑油中再加入减摩添加剂，使摩擦系数变得更小，就能进一步减少燃料消耗以利于节能。

随着汽车发动机技术的不断进步，润滑油的工作条件日益苛刻，对发动机润滑油的性能提出了更高的要求，以满足各种复杂工况下的使用要求。可以说，现代发动机技术对机油的性能要求已经远远超越了我们传统认为的润滑、冷却和密封功能，现代发动机技术要求机油除了满足传统润滑油的基本功能外，还要适用于现代缸内直喷、涡轮增压发动机技术的严格要求，要求机油能在一定程度上抑制直喷增压发动机的低速早燃问题。

为应对直喷增压发动机的低速早燃问题，API（American Petroleum Institute，美国石油协会）已经在2018年发布SN+汽油机油规格，在SN基础上增加了低速早燃台架测试，以适应直喷增压发动机的性能要求。

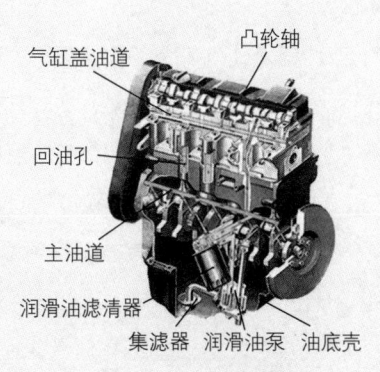

图1　发动机润滑系统

第二课　二冲程与四冲程发动机润滑

根据发动机工作原理的不同，可分为二冲程和四冲程两大类，二冲程发动机完成一个做功循环需要活塞运动两个冲程（图1）：

（1）活塞从下止点到上止点的第一个冲程，关闭进排气门，把吸入的压缩气进行压缩。

（2）活塞从上止点到下止点的第二个冲程，火花塞点火，完成做功，同时把空混合气从活塞另一侧排气压入曲轴箱，活塞上部吸入混合气。

二冲程发动机有两种润滑方式，一种是混合润滑，即将润滑油混合在汽油中；另一种方式是分离润滑，即利用润滑油泵将机油压送至化油器的柱塞腔内与燃料空气混合后进入曲轴箱。

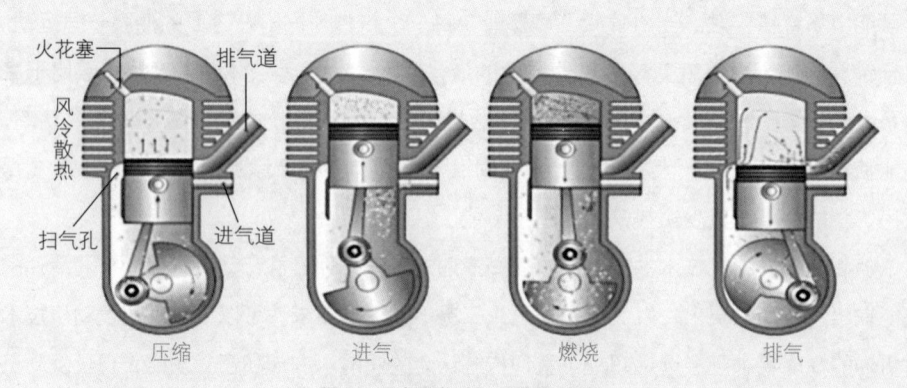

图1　二冲程发动机工作原理图

四冲程发动机每个工作循环均由进气行程、压缩行程、做功行程和排气行程组成，同时在做功行程起始时点火一次（图2）：

（1）进气：此时进气门打开，活塞下行，汽油和空气的混合气被吸进汽缸内。

（2）压缩：此时进气门和排气门同时关闭，活塞上行，混合气被压缩。

（3）燃烧：当混合气被压缩到最小时，火花塞点燃混合气，燃烧产生的压力推动活塞下行并带动曲轴旋转。

（4）排气：当活塞下行到最低点时排气门打开，废气排出，活塞继续上行把多余的废气排出。

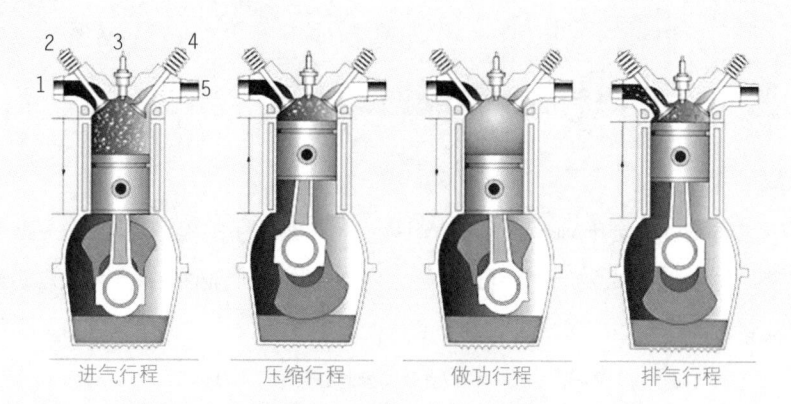

图2 四冲程发动机工作原理图

1—排气道；2—排气气门；3—火花塞；4—进气气门；5—进气道

四冲发动机的混合气直接流进气缸，曲轴箱用来存放机油，一种是飞溅润滑，即利用汽油发动机工作时运动部件飞溅起来的油滴或油雾润滑摩擦表面；另一种是压力润滑，依靠润滑油泵，将润滑油输出配气凸轮、气门摇臂等处；润滑油不仅润滑部件，而且还对气缸头起冷却作用，改善了润滑条件。

二冲程与四冲程发动机因其结构及润滑特性上的差异，决定了油品在配方组分上有着较大的差异，而且是不能相互混用的。四冲程发动机润滑油一般含有ZDDP（Zinc Dialkyl Dithiophosphates，二烷基二硫代磷酸锌）和较高灰分，用于二冲程发动机容易导致火花塞结垢（表1），燃烧室沉积物增加，提前点火及高黏度组分燃烧不完全冒黑烟等现象；二冲程发动机润滑油若用于四冲程发动机则会因清净分散和抗氧抗磨组分不足，而导致油泥、黏环和磨损。

表1 二冲程和四冲程发动机润滑油的主要区别

项目	二冲程	四冲程
闪点	低，易燃	高，>200℃
稀释剂	有	无
黏度	低	高
复合剂	不含ZDDP	含ZDDP
黏度指数改进剂	低分子量的PIB（聚异丁烯）	高分子量的OCP（乙烯丙烯共聚物）
灰分	低	高
使用方式	与汽油一起燃烧	加到曲轴箱里起润滑作用

第三课　API标准的起源及发展

API是美国石油学会（American Petroleum Institute）的缩写，其成立初衷是在政府支持下，与炼油厂和原始设备制造商建立密切合作，研究油气行业和发动机硬件趋势，以及润滑油行业的应对方式，寻求油气行业的共同发展。在中国，自20世纪80年代以来，很多石油和润滑油产品标准都直接或间接采用了API标准。

在车用润滑油标准方面，API从20世纪20年代开始关注温度和黏度，在研究了温度和添加剂对黏度的影响后，20世纪30年代命名了夏季和冬季专用润滑油。至20世纪50年代，API决定超越黏度扩展发动机润滑油的应用分类和质量级别，根据汽油发动机和柴油发动机的不同以及性能等级对润滑油进行分类。1983年以后，开发了一套发动机润滑油产品认可和认证管理系统，以确保润滑油能够满足OEM（Original Equipment Manufacture，原始设备制造商）的设计要求、汽车保养以及润滑要求，并以API圆环图认证方式，向消费者公示发动机油的质量和性能级别，API同时也管理1996年之后开发的ILSAC（International Lubricant Standardization and Approval Committee，国际润滑剂标准化及认证委员会）节能规格认证。

API发动机润滑油认证标识为圆环图（图1），帮助消费者辨别润滑油的黏度等级、性能级别和是否节能。如果润滑油没有节油性能，API圆环图的下部则为空白。满足ILSAC要求的发动机润滑油必须在产品包装的正面显示爆星图（图2）。

图1　API发动机润滑油认证标识圆环图　　图2　满足ILSAC要求的爆星图

为了控制标识出错的概率，API和SAE（美国汽车工程师学会）制定了多项审核监督措施。要求所有使用API认证标识的润滑油厂商必须先获得测试认证和使用许可，并签署产品质量和性能保证书。

API润滑油标准与时俱进，现在市场需要更复杂的理化和台架测试来支持。发动机设计、排放法规和其他政府法规的变化都对润滑油构成了挑战，API认证显得更为关键。认证程序强化了API所制定的质量标准。拥有认证标识则证明该产品已经过测试，并且性能可靠。

第四课　发动机润滑油的黏度和质量等级

为自己的爱车选择一款合适的润滑油，是大多数车主普遍关心的问题，其实选择润滑油并不难，你只需要了解"黏度等级"和"质量等级"这两个润滑油产品参数，就可以为爱车选择合适的润滑油了。

在任一款发动机润滑油产品的外包装标签上，你都可以找到诸如下图所示"SN 5W-40"的标示，这串由字母、数字组成的标示，即包含了这款产品的黏度等级"5W-40"和质量等级"SN"信息（图1）。

SN 5W-40

图1　油品黏度和质量等级

目前我国发动机润滑油国家标准为GB 11121—2006《汽油机油》和GB 11122—2006《柴油机油》，均采用美国石油学会（API）的质量分级和汽车工程师学会（SAE）的黏度分级规则。2016年开始，为了我国汽车发动机及润滑油技术的持续健康发展，促进润滑油技术对不断发展的高指标发动机技术的适应性，更好地保障发动机的使用及运行可靠性，由中国内燃机学会发起，联合中国汽车工程学会、石化标委会，以及行业内添加剂、润滑油和发动机OEM等各方资源，建立了发动机润滑油中国标准开发创新联盟。目前，重负荷柴油机油中国标准D1-2019开发工作正在有序推进。

（1）我国在用的汽油发动机润滑油（简称汽油机油）质量等级有SJ、SL、SM、SN、SN+；柴油发动机润滑油质量等级有CF-4、CH-4、CI-4、CJ-4、CK-4；从左到右。

汽油发动机润滑油标志 ← SN → 润滑油等级标志越靠后等级越高

SA	SB	SC	SD	SE	SF	SG	SH	SJ	SL	SM	SN
1930年以前	1930	1964	1968	1972	1980	1989	1992	1996	2001	2004	2010

图2　汽油机油质量等级

（2）SAE黏度等级：0W、5W、10W、15W、20W、25W、20、30、40、50。其中，"W"表示winter（冬季），其前面的数字越小说明润滑油的低温性能越好，可使用的环境温度越低，在冷启动时对发动机的保护能力越好；"W"后面的数字则是润滑油高温性能指标，数值越大说明润滑油在100℃黏度越大。

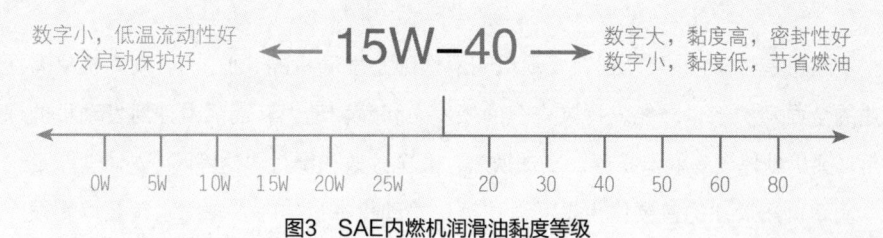

数字小，低温流动性好　　← 15W–40 →　　数字大，黏度高，密封性好
冷启动保护好　　　　　　　　　　　　　　　数字小，黏度低，节省燃油

0W　5W　10W　15W　20W　25W　　20　30　40　50　60　80

图3　SAE内燃机润滑油黏度等级

第五课 | 发动机润滑油的四大作用

发动机是汽车的"心脏",发动机润滑油则是发动机的"血液",发动机只有在润滑油的全面呵护下,才能发挥其应有的爆发力和蓬勃动力,而润滑油对发动机的保护作用,突出地体现在润滑抗磨、冷却换热、清净分散和密封防锈等四个方面。

发动机润滑油的首要作用是润滑抗磨。发动机在运转时,轴承系统要承受很大的负荷,在高速高负荷工况下,如果摩擦部位得不到适当的润滑,就会产生干摩擦,短时间内产生的热量将足以使金属熔化,造成机件的损坏甚至卡死。因此,发动机润滑油所承担的首要作用就是润滑抗磨,当润滑油附着在摩擦部位后,就会黏附在摩擦表面上形成一层油膜,从而降低各摩擦副之间的阻力,保证零部件的正常运转,减少磨损以延长机械寿命。

发动机润滑油的第二个作用是冷却换热。发动机做功和摩擦会产生大量的热量,这部分热量有些被冷却液带走,而剩余部分则要通过润滑油从气缸、活塞、曲轴等表面吸收后带到油底壳中散发,从而使机件保持适当的温度,避免发动机由于温度过高而烧坏。

图1 磨损后的发动机缸套　　　　图2 润滑油对发动机进行冷却

发动机润滑油的第三个作用是清净分散。发动机在运转过程中,不可避免会产生许多污物,如吸入空气中带来的砂土、灰尘,混合气燃烧后形成的积炭,润滑油氧化后生成的胶状物，机件间摩擦产生的金属磨屑等。这些污物会附着在机件的摩擦表面上，或沉积在油底壳上，如不清洗下来，就会加大机件的磨损。另外，大量的胶质也会使活塞环黏结卡滞，导致发动机不能正常运转。而润滑油能把附着在气缸壁及活塞上的氧化产物、杂质等清洗下来并使之均匀地分散在润滑油中，从而避免造成油路及润滑油滤网堵塞，再通过润滑油在发动机机体内不断循环流动带到润滑油滤清器部分，过滤掉污物来保持发动机的内部清洁。

图3　发动机气门和阀系形成的沉积物　　图4　锈蚀后的发动机燃烧室

发动机润滑油的第四个作用是密封防锈。发动机的气缸与活塞、活塞环与环槽以及气门与气门座间均存在一定间隙，润滑油在这些间隙中形成的油膜，能起到密封作用，可防止燃气窜入曲轴箱，保持气缸压力，减少功率损失并避免曲轴箱受燃气污染。另外，因空气、润滑油、燃油中的水分以及燃烧产生的酸性气体，均会对机件造成腐蚀和锈蚀，加大摩擦面的损坏，润滑油在机件表面形成的油膜，还可以避免机件与水及酸性气体直接接触，而润滑油中的碱性功能剂还能中和燃料燃烧的酸性产物及润滑油氧化产生的有机酸，从而防止和减少金属部件的腐蚀和锈蚀。

第六课　发动机润滑油的六大性能

发动机润滑油在发动机之中，要发挥并持续发挥润滑抗磨、分散清净、冷却换热和密封防锈的四大作用，发动机润滑油本身就需要具备润滑、抗磨、清净、分散、抗氧化和低温流动等六大性能。

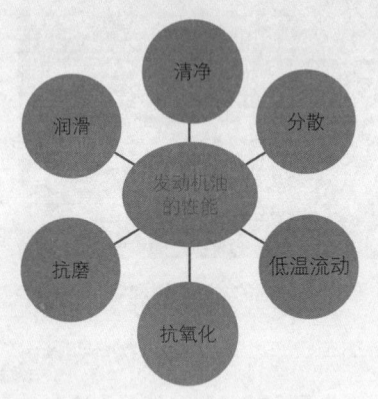

图1　发动机润滑油的六大性能

（1）润滑性：发动机运动部件载荷大、温度高、间隙小，润滑油在摩擦副中起到减小摩擦的作用，保证发动机的有效功率输出，延长发动机使用寿命。

（2）抗磨性：抗磨性是指发动机润滑油保护摩擦副使其减少磨损的能力。为了更好地发挥抗磨性，发动机润滑油中一般都需要加入高效的抗磨剂，为发动机提供高效的抗磨保护。

（3）清净性：发动机润滑油能够把附着在气缸壁及活塞上的氧化产物清洗下来，当润滑油的清净性差时，会使聚结在发动机高温部位的氧化产物继续氧化，从而生成大量的漆膜、积炭，导致活塞环黏结、磨损加剧，甚至发生拉缸等事故。为防止上述故障发生，必须在润滑油中添加金属型清净剂。

（4）分散性：发动机润滑油在使用过程中，油品中的污染物含量会不断增加，主要包括烟炱、油泥和少量金属磨粒等。发动机润滑油本身应具有较好的分散性，可以将烟炱、油泥及其他杂质较均匀地分散在油里，防止黏度的增长、滤清器的堵塞和磨损等。为了防止上述问题，发动机润滑油中都需要加入高效的分散剂，以保证油品具有较好的分散性。

（5）抗氧化性：发动机润滑油在发动机工作温度下，由于金属的催化作用，受氧气及燃烧产物的影响，产生氧化、聚合、缩合等反应物（如酸性物质、漆膜、油泥和积炭等），使油品的润滑性变差，甚至丧失。因此，发动机润滑油中都需加入各种抗氧化添加剂，以提高其热安定性和高温抗氧化性。

（6）低温流动性：发动机润滑油最重要的低温性能是低温启动性和低温泵送性。发动机润滑油需保证在工作温度下正常流动，发动机顺利启动。

第七课 | 发动机润滑油燃油经济性的评价

一般发动机燃烧产生的能量中约有30%用于做功，25%随气缸冷却散失，25%随废气排放，20%用于各机械部件摩擦损失。因此，降低摩擦成为提高燃油经济性的关键因素。发动机润滑油燃油经济性台架试验就是在相同工况下将被测试润滑油与参比润滑油所消耗的燃料量进行比较，对被测润滑油的燃油经济性做出评价。GF系列汽油机油要求的节能性能评定台架试验经历了MS程序Ⅵ—ⅥA—ⅥB—ⅥD变化，这也从侧面反映出燃油经济性是汽油机油性能提升的主要方向之一。

由于MS程序Ⅵ台架试验周期长、费用较高，需要一种预测燃油经济性的模拟方法，为高档汽油机油的研发提供一定的数据支撑。为此，我们选用SRV®4型摩擦磨损试验机为平台，以钢球—钢盘（点接触）摩擦副，采用试验程序Ⅰ来模拟程序ⅥB试验测试润滑油老化前后的燃油经济性。其中，试验程序Ⅰ的摩擦副采用点接触并固定试验行程，选择不同的频率和负荷进行组合，依次按照程序ⅥB台架试验5个阶段的温度点进行试验，记录并计算出5个阶段的平均摩擦系数。

图1　SRV®4型摩擦磨损试验机　　　　图2　钢球—钢盘摩擦副点接触模式

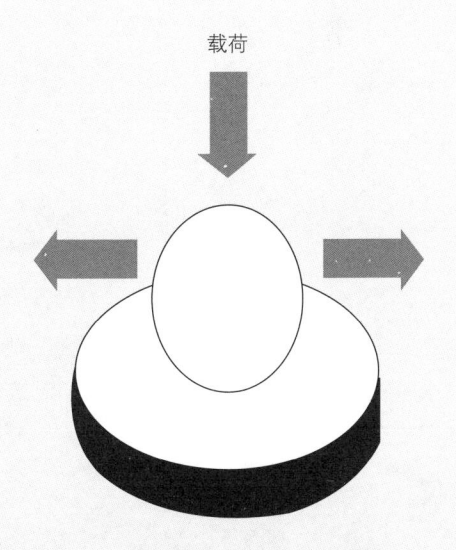

表1 MS程序ⅥB节能试验条件

参数	1阶段试验	2阶段试验	3阶段试验	4阶段试验	5阶段试验
油温，℃	125	105	70	70	45
转速，r/min	1500	800	800	1500	1500
扭矩，N·m	98	26	26	98	98

MS程序ⅥB台架试验的5个阶段试验运行工况各不相同，涵盖了流体润滑、混合润滑和边界润滑状态，而其中以边界润滑和混合润滑为主的1阶段试验占总燃料消耗的27%。因此，通过模拟试验测定润滑油在边界润滑和混合润滑状态下的摩擦系数以及润滑油的高温高剪切黏度，建立预测MS程序ⅥB台架试验燃油经济性指标的数学模型。

选用9个节能型汽油机油作为建立数学模型的试验油样。根据汽油发动机的节能原理，以9个试验油样的MS程序ⅥB台架试验结果、高温高剪切结果及SRV试验程序Ⅰ测定摩擦系数为依据，采用数学回归的分析方法建立预测程序ⅥB试验燃油经济性：节油率=A_1×平均摩擦系数+B_1×油品高温高剪切黏度+C_1（其中A_1、B_1、C_1为回归系数），对预测结果和实测结果的相关性进行了分析，其回归方程为：$y=0.9999x+0.012$，相关系数R_1^2为0.8819，比较成功地预测了程序ⅥB台架试验1阶段的节油率，为油品研发提供技术支撑。

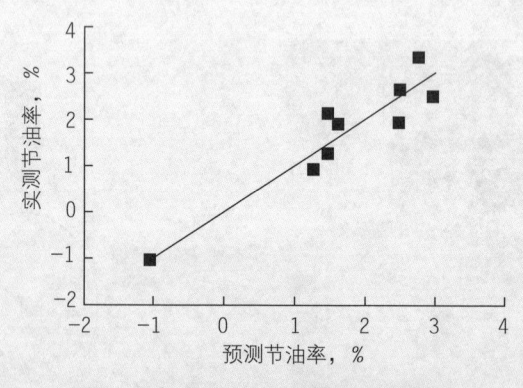

图3 程序ⅥB台架试验Ⅰ阶段节油率预测

第八课 发动机润滑油高温清净性的评价

直喷、增压、小型化是现代汽油发动机技术的发展趋势，发动机的功率密度越来越高，热负荷也越来越大，润滑油所承受的温度也越来越高。在活塞区域，润滑油的最高温度可以达到200℃以上，这就要求润滑油具有极强的高温清净能力，抑制活塞区域产生高温沉积物（包括积炭和漆膜）。这些高温沉积物对发动机的健康运装极为不利，始终保持活塞的清洁状态对发动机健康、稳定、可靠运转至关重要。

汽油发动机润滑油的高温清净性，最终是通过程序MSIII发动机台架试验来评价的，在实验室则可以通过TEOST（Thermo-Oxidation Engine Oil Simulation Test，热氧化模拟试验）和CMOT（Caterpillar Micro-Oxidation Test，Caterpillar微氧化试验）试验进行模拟考察。

活塞环带是活塞往复运动中的高温摩擦区域，沉积物的生成会引起发动机操作故障和寿命变短等问题。TEOST MHT方法是克莱斯勒公司开发的一个模拟发动机润滑油的高温沉积物评定方法，模拟发动机活塞环区的润滑油工况，用来预测发动机润滑油在活塞环带和活塞顶区域的沉积趋势，最高试验温度达到285℃，试验过程中让润滑油流过缠绕钢丝的不锈钢沉积杆，试验后以沉积杆的增重作为评价指标。该试验与活塞的运行温度极为接近，试验结果能在一定程度上反映发动机润滑油的高温清净性，在SL/GF-3、SM/GF-4、SN/GF-5等规格中均有控制指标。

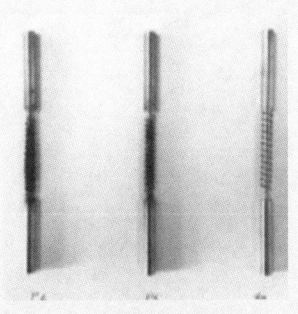

图1 不同油品TEOST试验后沉积杆对比

图2 不同油品CMOT试验后对比

润滑油中的氧化沉积物的形成，是随着油品使用温度的升高和工作时间的延长，油中的抗氧剂逐渐失效而增加。CMOT是通过测定润滑油的氧化诱导期，来评价该油品的抗氧性和生成沉积物的倾向，在油品中抗氧剂失效前，润滑油中沉积物形成缓慢的这段时间，称为该油的氧化诱导期。油品的氧化诱导期越短，则表明该油的抗氧化性越差，生成沉积物的倾向越大。试验前向金属试件中注入微量的油样，将盛放试件的试管放在设定温度的油浴中，通入定量的流动空气，试验时间一般为几十分钟至数百分钟。试验后取出试件后可发现，抗氧化性越差的油品试验后的颜色越深。

程序ⅢG台架（ASTM D7320）试验用于评价内燃机油在高温高速运转条件下的磨损和机油变稠的倾向。同时也评价发动机活塞漆膜沉积物等清净性能，是SM/GF-4、SN/GF-5汽油机油和CJ-4柴油机油规格中要求通过的试验。该台架试验使用通用汽车别克3.8L排量V型6缸汽油发动机，在3600r/min转速和机油温度150℃工况下运转100h。试验结束后，拆解发动机，对发动机的零部件进行评分，合格油的活塞裙部漆膜颜色较浅，而不合格油的漆膜颜色较深。

图3　程序ⅢG台架试验后不同油品活塞清净性对比

第九课 | 发动机润滑油分散性的评价

随着我国汽车保有量的持续增长，城市拥堵问题凸显，汽车在低速行驶条件下易产生油泥。油泥是由于发动机的窜气（含有未燃烧的燃油和水）和润滑油的共同作用而产生的，即发动机在低温运作时，曲轴箱中的水分和燃油没有完全蒸发，进而乳化，导致油泥的产生。

油泥附着在曲轴箱内壁上会降低缸体的散热能力，导致润滑油温度过高，发动机的功率下降。发动机内部的油道中有大量的油泥，会增大润滑油的流动

图1 不同油品模拟VE试验后沉积物对比

阻力，降低润滑油的流量，从而影响润滑油的润滑效果。油泥过多会堵塞发动机润滑油油道，导致发动机部件之间缺少润滑，严重时会导致烧瓦、抱轴等现象。好的润滑油具有抑制发动机产生油泥的作用，防止油泥对发动机造成的损害。

模拟VE试验用于模拟发动机油泥形成条件。模拟试验与VE发动机台架试验之间有较好的相关性，该方法对分散剂的感受性较好，重复性较好，该方法可以作为MS程序VE发动机台架试验前的筛选手段，分散性能差的油品在试管底部产生颜色更深的黑色油泥。

程序VG台架（ASTM D6593）用于评价汽油机油防止在发动机中形成低温油泥和漆膜等沉积物的能力，是SL/GF-3、SM/GF-4、SN/GF-5汽油机油规格中要求通过的试验。该方法对应于汽车实际行车中开开停停的工况，例如警车、出租车、城市运货车等。试验结束后，拆解发动机，通过对发动机中油泥、漆膜等沉积物进行测量和评分来评价汽油机油的低温分散性能，通过油的活塞裙部漆膜较浅，而失败油的活塞裙部漆膜很深。

图2 不同油品程序VG台架试验结果

第十课 发动机润滑油的黏度与HTHS

黏度是润滑油流动性能的主要技术指标。绝大多数的润滑油是根据其黏度大小来划分牌号的。黏度是各种机械设备选油、用油和换油的主要依据。

润滑油最大作用是减少发动机的摩擦，虽然润滑油的黏度越大，各运动机件摩擦表面间的油膜越厚，油膜强度越高，有利于防止摩擦表面的磨损，但随之摩擦阻力也大，动力损失增加。另外，润滑油的黏度受温度的影响较大；温度越低，黏度越大。反之，温度越高，黏度越小。

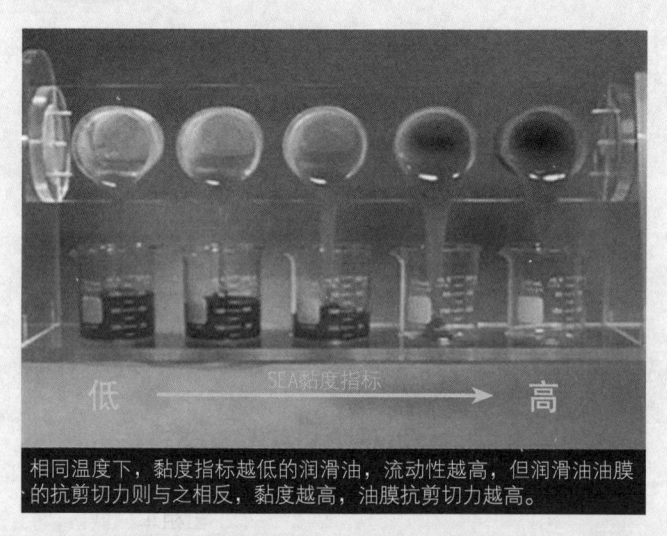

相同温度下，黏度指标越低的润滑油，流动性越高，但润滑油油膜的抗剪切力则与之相反，黏度越高，油膜抗剪切力越高。

图1　低温下不同的黏度油品流动性对比

润滑油行业中，最为常用的是运动黏度，它是流体在重力作用下流动阻力的度量。运动黏度通常采用经典的毛细管黏度计法进行测定，即在某一恒定的温度下，测定一定体积的流体在重力作用下流过检定好的毛细管黏度计的时间，再乘以毛细管黏度计常数，即为该温度下流体的运动黏度。在日常生活中可以通过观察其流动性来区分黏度大小，同一温度下，流动性越好，其运动黏度越小，反之流动性越差，运动黏度越大。

高温高剪切黏度（High Temperature High Shear Viscosity, HTHSV）是润滑油在150℃，10^6剪切速率下的表观黏度，也就是动力黏度。是模拟内燃机气缸工作温度和高速剪切条件下所做的测试，反映了缸套活塞环间的润滑状况，具有实际参考意义。

第十一课 发动机润滑油的倾点与CCS

汽车发动机在低温启动时会产生大量的磨损，低温性能良好的内燃机润滑油可以将这种磨损降低到最小。为此，国内外行业协会和研究机构制定了包括倾点（PP, Pour Point）、低温启动性能（CCS, Cold-Cranking Simulator）在内的多种试验方法来对内燃机润滑油的低温性能进行测试。

倾点是指试样在规定的试验条件下，被冷却的试样能够流动的最低温度。

倾点测定法（GB/T 3535）试验的基本过程是：将清洁的试样注入试管中，按标准所规定的步骤进行试验。每当温度计读数为3℃的倍数时，要小心地把试管从套管中取出，倾斜试管到刚好能观察到试管内试样是否流动，取出试管到放回试管的全部操作要求不超过3s。当倾斜试管，发现试样不流动时，就立即将试管放在水平位置上，仔细观察试样的表面，直到试管保持水平位置5s而试样无流动时，记录观察到的试验温度计读数，再加3℃作为试样的倾点。

CCS冷启动模拟试验模拟了发动机汽缸套—活塞部位冷启动时的工况，与发动机的冷启动有较好的相关性；在车辆启动时，润滑油不能及时到达润滑部位，使发动机运转阻力增大，各运动部位处于摩擦状态，造成较大磨损。在同一种低温条件下，测出的该黏度值越小，说明润滑油的冷启动性能越好。

低温动力黏度主要影响发动机的冷启动性。润滑油的低温动力黏度越大，曲轴转动时的阻力矩就越大，可能导致达不到规定的最低转速而难以启动；或者能够启动，但由于润滑油黏度太大而难以形成有效的润滑，使得零件磨损加剧。因此，应对润滑油低温下的黏度界限作出规定，在润滑油的规格中，低温动力黏度被作为一项重要的质量指标而列入。

从测试条件来看，倾点采用的是一种快速降温的方式，这与油品在实际使用过程中随着温度的逐步降低形成大量蜡结晶相反，同时较低的剪切速率也反映不出油品的实际应用工况。在CCS的检测过程中，由于采用快速降温以及高剪切速率，因此该指标主要反映了低温下油品在发动机活塞环和气缸套部位的流变行为，但是其不足之处是没有考虑蜡结晶的影响。

第十二课　发动机润滑油的抗泡性能

机械润滑系统大多以循环方式进行润滑，润滑油在润滑系统油泵作用下不断地流动和循环。当润滑油流动中与空气接触并受到激烈搅动时，就有可能将空气混入油中产生泡沫。

润滑油中产生泡沫会对使用带来一系列影响。这些泡沫若不能及时消除，会使得润滑油的冷却效果下降、管路产生气阻、润滑油供应不足、增大磨损、油箱溢油，甚至出现油泵抽空等故障。因此，要求润滑油具有良好的抗泡性，在出现泡沫后应能及时消除，以保证润滑油在润滑系统中正常工作。

润滑油在使用中产生泡沫并难以消失时，通常有以下危害：

（1）增大润滑油的体积，溢出油箱，造成油料流失或带来着火等不安全因素；

（2）增大润滑油的压缩性，使油泵供油受阻，致使供油压力降低，造成供油不足，影响润滑造成磨损或烧坏轴瓦；

（3）油中含有的大量空气影响到润滑油的冷却作用和对机械的散热效果；

（4）增大润滑油与空气接触面积，加速油品的氧化变质。

泡沫是气体分散在液体介质中的分散体系。液体的起泡倾向和泡沫稳定性与液体中的成分有密切的关系，也与液体所处的温度有关。纯液体产生的泡沫不稳定，如液体中含有少量表面活性剂等极性物质（起泡剂），就会使液体产生的泡沫长时间不消失。

润滑油容易受到配方中的添加剂组分，如清净剂、极压添加剂和腐蚀抑制剂的影响，这些添加剂大大增加了油品的起泡倾向。润滑油的泡沫稳定性随黏度和表面张力而变化，泡沫的稳定性与油品的黏度成反比，同时随着温度的上升，泡沫的稳定性下降，为了消除润滑油中的泡沫，通常在润滑油中加入消泡剂，如甲基硅烷和非硅消泡剂等。

图1　油品产生的泡沫

第十三课 发动机润滑油的灰分与金属元素

发动机技术、机油配方和后处理设备之间的联系变得越来越错综复杂，而造成这一趋势的主要原因是汽车尾气排放的环境法规变得越来越严格。

润滑油在现代发动机的发展过程中扮演了至关重要的角色。随着发动机的功率密度和工作温度不断升高，制造商们决定采用后处理设备以使发动机变得更清洁，而这对润滑油的性能提出了新的要求。尤其对于后处理设备——如废气再循环（EGR）、柴油颗粒过滤器（DPF）和选择性催化还原（SCR），润滑油被视为保障其运作和功能的关键所在影响因素之一。

不可避免的是，尾气处理系统也会对机油的配方造成影响。因为在发动机工作过程中，将会有少量机油被带入燃烧室参与燃烧并通过排气系统排出，内燃机润滑油的组分将会对尾气处理装置和排放产生一定的影响。内燃机润滑油中的硫磷元素会使三元催化转化器催化剂中毒，降低三元催化转化器的活性；

图1 不达标的尾气排放

内燃机润滑油燃烧产生的灰分会部分堵塞尾气处理装置，造成尾气处理装置效率的降低。现代润滑油配方中，硫酸盐灰分、磷和硫等润滑油燃烧副产物已大大减少，因为它们可能堵塞柴油颗粒过滤器。现代的低SAPS（硫酸盐灰分、磷和硫）润滑油可以和尾气过滤系统完美协作，共同提升发动机的效率并延长其寿命。

针对我国日趋苛刻的排放法规，汽油机和柴油机将分别采用GPF（Gasoline Particulate Filter，汽油机颗粒捕集器）和DPF（Diesel Particulate Filter，柴油机颗粒捕集器）以满足排放法规要求，这对润滑油中的硫酸盐灰分提出了严格的限值，因为硫酸盐灰分会堵塞GPF或DPF，导致发动机的排气压力升高，功率下降。

灰分是指在规定条件下，油品灼烧后剩下的不燃烧物质，其组成一般是一些金属元素及其盐类。灰分对于不同的油品具有不同的概念，对基础油或不加添加剂的油品来说，灰分可用于判断油品的精制深度；对于加有金属盐类添加剂的油品来说，灰分就成为控制添加剂加入量的手段。

燃气发动机润滑油与柴油机油的最主要的区别在于对硫酸盐灰分有严格的要求，内燃机润滑油的灰分主要由金属盐添加剂和磨损的金属粉、粒及外来污染物组成。新油中的硫酸盐灰分主要来自金属盐添加剂（如T106、T104、T202、T122等），研究表明，硫酸盐灰分在1%以上的润滑油窜于燃气发动机燃烧室后能在燃烧室内形成极为坚硬的沉积物（特别是使用含钙清净剂），形成潜在的起火点。因为燃气发动机采用的是电子点火，所以在运行中就有可能导致发动机提前点火爆燃等现象的发生，影响发动机（汽车）正常运行。为了消除这种潜在的影响，一般燃气发动机制造商要求使用硫酸盐灰分小于1.0%的专用燃气发动机润滑油。

第十四课 非标发动机润滑油的危害

我国润滑油市场上，经常有商家宣称掌握了润滑油高科技，推出石墨烯机油、纳米钛和纳米陶瓷机油等产品，号称可以修复发动机磨损、延长发动机寿命和节省燃油消耗，对于这些宣传和推销，无论润滑油经营者还是车主都应当审慎对待。

一个合格的发动机润滑油产品，需要进行严格的理化检测、模拟性能评价、发动机台架和行车试验验证，最终才能定型推向市场。负责任的润滑油及添加剂公司，开发一个油品配方一般要投入上千万元的研发经费，一些商家宣称的高科技产品只是进行了简单的理化模拟试验，最多做1次非标台架试验，就投放市场并抓住消费者心理，声称一些抗磨节能等"亮点"，其综合产品质量难以得到保障。

例如，2017年9月，据"聚焦烟台"报道，左先生的小轿车型加入了某润滑油企业的"石墨烯润滑油"，前200km出现了节油现象，百公里油耗从14L降至12L；但之后就急转直下，先是百公里油耗增加到20L，5000km润滑油消耗由0.6L增加至5L，之后车子开始升温和发抖。送到4S店检查后，需要解体发动机进行大修，修理费用达几十万元！据报道，加入该石墨烯润滑油出现类似问题车辆已有十余辆，正在与商家交涉。

满足标准的油品应具备优异的清净、抗磨、分散、抗氧和抗泡等综合性能，一个润滑油配方是各类性能平衡的综合体，通过大量不同类型的台架试验进行评定。如果只突出某方面的性能，而忽略了油品配方的平衡，必然不能保证油品的综合性能，不仅要对刚加进发动机后的油品表现负责，而是要对发动机的整个寿命周期负责，非标准的润滑油可能在某方面性能具有某些特殊的功效，但肯定不能承担对发动机保护的综合任务，经过一段时间之后就会暴露问题，造成无可挽回的损失。

当前，我国发动机润滑油仍然采用美国石油学会API标准体系和评价方法，由于评价费用高、试验周期长，有些发动机台架需要送到国外进行评定。这也客观上造成了国内小型企业开发发动机润滑油很难进行必要的评价；2016年，内燃机学会、汽车工程学会、石化标委会联合国内外汽车OEM、润滑油和添加剂企业成立了"发动机润滑油中国标准创新联盟"，共同投入人力和物力资源，正在开发中国D1-2019柴油机油标准，由中国一汽、东风汽车、潍柴动力和江淮汽车提供原型机，评价方法研究进展顺利，计划2019年推出，将为中国车用发动机润滑油开发及市场监管创造条件，最终保障每个消费者利益。

最后，建议车主选择正规大品牌润滑油产品，以保护您的爱车不受伤害！昆仑润滑油隶属于中国石油，每年投入研发经费4亿元以上，是中国研发实力最强的润滑油企业，掌握润滑核心技术，多款产品获得技术发明奖和科技进步奖，秉承"军工品质、大国重器"的品牌定位，360度全方位为客户创造价值的服务理念，赢得了客户信赖！

Lubricating Oil, Grease
and Auxiliary Products for
Automobile and Ship

第二章
汽油机油及其应用
Chapter 2

乘用车一般由发动机、底盘、车身和电气设备等四个基本部分组成。发动机是汽车的动力装置，由机体、曲轴连杆机构、配气机构、燃料供给系统、润滑系统、冷却系统构成。发动机在工作时，各运动零件均以一定的力作用在其他零件上，并且发生高速的相对运动，有了相对运动，零件表面必然产生摩擦，加速磨损。为了减轻磨损，减小摩擦阻力，延长使用寿命，发动机上都必须配备润滑系统。

如果说发动机是车辆的心脏，那润滑油就是发动机的血液，为维护好车辆，首先就需要了解发动机润滑油。当发动机工作时，润滑油被润滑油泵抽取从油底壳经集滤器、润滑油冷却器、润滑油滤清器，再进入到发动机主油道，在润滑结束后机油再流回到油底壳中。润滑油除了具有最基本的润滑抗磨作用外，还具有传热冷却、清洗分散、密封防锈和缓冲等功能，从而使发动机能正常运转。

乘用车发动机润滑油由基础油和添加剂组成，其种类繁多，根据所用基础油的类别，润滑油可大致分为矿物油型、合成油型及PAO型，不同类型的润滑油产品性能表现也各不相同。国际上广泛采用SAE黏度等级和API使用性能分类法对润滑油进行分类，根据车系不同，欧系车则多以ACEA和OEM规格进行分类。要做到车辆的合理润滑，保护发动机及性能处于良好的运行状态，就需要根据车型、车况、使用地域等因素选择车辆适宜的润滑油产品，并做好定期更换和维护工作，从而及时清洗发动机润滑系统内部的油泥、胶质及积炭，保持润滑系统清洁，有效延长发动机部件使用寿命。

随着车辆技术的不断改进，发动机的热负荷和机械负荷越来越高，节能技术越来越先进，这些都促使机油规格不断发展，未来润滑油将向通用化、高效化及低黏度化方向发展。本章分别从油品的选用、规格分类、节能润滑油介绍、OEM对油品的性能要求、润滑油的更换、润滑油的发展趋势、代用燃料对油品的性能要求及车内甲醛VOC等10课进行了分析和阐述，以便读者掌握和了解。

第一课 | 乘用车的润滑

从1770年法国人尼古拉斯古诺将蒸汽机装在板车上，制造出第一辆蒸汽板车开始，乘用车作为人类的代步工具已发展了两百多年，汽车产业已成为世界上规模最大的产业之一。2017年，全球汽车销量创突破9000万辆，我国汽车产销分别完成2902万辆和2888万辆，销量全球第一，其中乘用车销售2472万辆，截至2017年年底我国机动车保有量达3.1亿辆，其中汽车已达2.17亿辆，车辆已与普通人生活息息相关。为了更好地使用和保护车辆，了解和掌握与车辆相关的润滑基础知识已不仅仅只是科研工作者的需求。

发动机各零件的润滑强度取决于该零件的使用环境、相对运动速度和承受机械负荷、热负荷的大小。根据润滑强度的不同，发动机润滑系统通常有压力润滑、飞溅润滑、润滑脂润滑三种方式。压力润滑是以一定的压力把机油供入摩擦表面的润滑方式，这种方式主要用于主轴承、连杆轴承及凸轮轴承等负荷较大的摩擦表面的润滑。飞溅润滑是利用发动机工作时运动件溅泼起来的油滴或油雾来润滑摩擦表面，主要用来润滑负荷较轻的气缸壁面和配气机构的凸轮、挺柱、气门杆以及摇臂等零件的工作表面。润滑脂润滑主要用于发动机水泵轴承、发电机、起动机及分电器等，采用定期加注的方式进行润滑。当发动机工作时，润滑油从油底壳经集滤器被机油泵送入润滑油滤清器，再进入发动机主油道。一般滤清器盖上设有旁通阀，当滤清器堵塞时，润滑油将不经过滤清器滤清由旁通阀直接进入主油道进行润滑。

润滑油是发动机的血液，离开润滑油发动机将无法正常运转，这与其在发动机运转中起到的作用密不可分。润滑油在润滑系统中起到了润滑抗磨、传热冷却、清洗分散、密封防锈等作用，从而使发动机能正常运转。在循环过程中，机油与高温的金属壁面及空气频频接触，不断氧化变质；窜入曲轴箱内的燃油蒸气、废气以及金属磨屑和积炭等，也使润滑油不同程度地受到严重污染；润滑油的工作温度变化范围很大，在发动机起动时为环境温度，在发动机正常运转时，曲轴箱中润滑油的平均温度可达95℃或更高；当润滑油与180～300℃的高温零件接触时也会受到强烈的加热。因机油的工作条件十分恶劣，因此润滑油必须具备适当的黏度、优异的氧化安定性、良好的防腐防锈性、较低的起泡性、优异的清净分散性，鉴于目前乘用车节能减排的需求，润滑油还需要有好的燃油经济性和与尾气处理装置良好的兼容性。只有掌握了润滑知识才能正确选购和使用机油产品，延长车辆零部件的使用寿命，发挥出车辆设计的原有性能。

第二课　乘用车发动机润滑油的选用

从一辆汽车及其发动机出发，选择正确的润滑油非常重要，一般生产厂家都已经结合理论与实践需要做了说明，但消费者也有必要知其所以然，总体来说，可以从黏度级别及质量级别两个方面选择发动机润滑油的牌号：

国际上流行的发动机润滑油质量等级有欧洲ACEA和美国API两大体系，我国目前主要沿用的是美国API发动机油规格，在用汽油机油质量等级包括SJ/GF-2、SL/GF-3、SM/GF-4和SN/GF-5等级别。首先，如果汽车或发动机制造商推荐使用ACEA规格的发动机润滑油，建议按照整车或发动机使用说明书的要求进行选用；其次，应根据发动机所对应的排放水平和相应的技术路线，选择相应质量级别的发动机润滑油；然后，还可以兼顾对发动机的保护及换油里程的期望，以及车辆及发动机所处状态及使用方式，进行适当调整。如经常在拥堵和频繁启停等恶劣工况及环境下工作，建议适当提高发动机润滑油的质量级别；如果是燃气和乙醇燃料发动机，最好使用同等质量级别的专用润滑油；如果期望给汽车发动机更好的保护，并适当延长换油期，可选用标有"全合成"的发动机油。

表1　汽油机油质量等级的选用

发动机排放水平	典型技术	推荐最低油品质量级别	推荐换油周期，km
国Ⅲ	PFI	SJ/GF-2	5000~8000
国Ⅲ	PFI+VVT/CVVT/DVVT	SL/GF-3	8000~10000
国Ⅳ	PFI+ VVT/CVVT/DVVT	SL/GF-3	8000~10000
国Ⅳ	GDI/FSI+VVT/CVVT/DVVT	SM/GF-4	10000~12000
国Ⅴ	TGDI/FSI+ VVT/CVVT/DVVT	SN/GF-5	12000~15000

发动机润滑油黏度级别的选用，主要根据乘用车使用地区的环境温度范围，特别是冬季可能达到的极端温度，为减摩节能，在不影响发动机正常润滑的情况下，可以

适当降低油品黏度。现代乘用车发动机润滑油大多都考虑冬夏季高低温的需要，采用多级润滑油，如在新疆、东北等寒冷地区，若要冬夏通用就需要选择0W或5W的油品；而在中国内地的大部分地区选用10W就可以。

表2　不同环境温度发动机润滑油黏度选择

最低使用环境温度，℃	黏度级别	最低使用环境温度，℃	黏度级别
−35	0W-XX	−20	15W-XX
−30	5W-XX	−15	20W-XX
−25	10W-XX		

第三课 | 汽油机油的分类

国际上通用的发动机润滑油标准或规格,主要由性能分类和黏度分级两个方面组成,其中性能分类最有影响力的是API(美国石油学会)/ILSAC(国际润滑剂标准化及认证委员会)和ACEA(欧洲汽车制造商协会),黏度分级多参照SAE(美国汽车工程师学会)J300。除此之外,一些汽车OEM制定了自己的油品规格,主要是在通用分类要求基础上,加入部分自身的性能测试要求,如大众VW502.00/505.00、通用Dexo[1]、奔驰MB 228.5和宝马BMW LL-01等。

API汽油机油规格代号以"S"开头,后面的英文字母顺序越靠后则表示质量级别越高,目前只有SN级别油品还能进行API认证,其余级别都不再进行注册。ILSAC润滑油节能规格分类,是在API相应质量等级基础上增加了节能台架要求,分类有SH/GF-1、SJ/GF-2、SL/GF-3、SM/GF-4、SN/GF-5,其中"GF"后面的数字越大表示节能性越好。

ACEA是欧洲润滑油标准规范,最新的ACEA-2016中乘用车(轻负荷)机油分类有A/B系列和C系列,其中A/B系列有A3/B3、A3/B4、A5/B5,属于高灰发动机油,适用于燃油硫含量高或有较高碱值需求的润滑;C系列有C1、C2、C3、C4、C5,是低硫、磷和中低灰分,适用于加装尾气处理装置D/GPF的节能发动机润滑油。

表1 ACEA A/B和C系列油品主要性能区别

指标	A/B系列(高灰)			C系列(中低灰分+节能)				
	A3/B3	A3/B4	A5/B5	C1	C2	C3	C4	C5
HTHS,mPa·s	≥3.5	≥3.5	2.9-3.5	≥2.9	≥2.9	≥3.5	≥3.5	2.6-2.9
碱值 mg KOH/g	≥8.0	≥10.0	≥8.0	无要求		≥6.0		
灰分,%	0.9-1.5	1.0-1.6	≤1.6	≤0.5	≤0.8	≤0.5	≤0.8	
硫含量,%	报告	报告	报告	≤0.2	≤0.3	≤0.2	≤0.3	
磷含量,%	报告	报告	报告	≤0.05	0.07-0.09		≤0.09	0.07-0.09
节能性	无要求	无要求	有要求	+++	++	+(XW-30)		+++

续表

指标	A/B系列（高灰）			C系列（中低灰分+节能）				
	A3/B3	A3/B4	A5/B5	C1	C2	C3	C4	C5
排气凸轮磨损	+	++	++	++	++	++	++	++
活塞清净性	+	++	++	++	++	++	++	++
生物柴油台架	无要求	有要求	有要求	有要求				

  SAE J300—2015黏度分级中，低温级别有0W、5W、10W、15W、20W、25W，其"W"前面的数字越小表示低温黏度越小，低温流动性越好，分别适用从−35℃到−10℃的低温环境；高温级别有8、12、16、20、30、40、50、60，数字越大表示黏度越大，适用最高气温从30℃到50℃。通常汽油机油为冬夏通用型，黏度分类表示为XW-XX，结合低温和高温的黏度性能，常用汽机油黏度有5W-20、5W-30、5W-40、10W-30等。

  我国汽油机油标准GB 11121—2006，就是参照SAEJ300黏度分级和API/ILSAC性能分类，目前有SE、SF、SG、SH/GF-1、SJ/GF-2、SL/GF-3等几个牌号。

第四课 节能型润滑油的发展与应用

在能源紧缺的环境条件下,节能降耗已成为世界性的课题,随着汽车发动机技术不断革新,节能型润滑油的升级和应用也越来越受到重视。

在ILSAC规格提升中,燃料经济性评价方法每次都是升级的重点,2019年即将颁布的GF-6规格将在GF-5基础上提出更苛刻的节能性要求,同时也将向低黏度油品的方向发展。

为提高节能性,在最新版的SAEJ300中,甚至出现了XW-8、XW-12黏度级别,其极低的运动黏度和高温高剪切黏度,对车辆精密度和润滑油性能都是一个新的挑战。

发动机润滑油节能的理论基础是降低运行摩擦系数,技术实现上主要是从两个方向,一是通过减摩技术,即通过抗磨减摩剂,在机件表面形成一层化学反应膜或者分子吸附膜,来降低油品的摩擦系数;二是通过降低油品黏度来减小润滑油内摩擦力,从而达到节能效果。

常用的减摩剂主要有金属减摩剂和非金属减摩剂两类,欧美使用较多的为酯类减摩剂,而日本生产销售的润滑油中大多含有有机钼的成分。通常一款节能润滑油中含有多种减摩剂,各添加剂间通过协同效应来发挥最佳的节能效果。

需要注意的是,虽然低黏度是最直接的节能技术,但随着黏度的降低,油膜厚度也将降低,低黏度在带来燃油经济性的同时,也会出现抗磨损性能的下降,因此低黏度润滑油需特别加强润滑油的抗磨性能。同时,低黏度润滑油也对发动机的机件间隙及表面处理有较高要求,并不是所有汽车都适用低黏度润滑油。目前中国汽油发动机润滑油市场还是以XW-30黏度级别为主,在节能推广最前沿的日本市场,目前也只是以XW-20、XW-30为主,XW-16只有少量应用,而XW-12及XW-8还处于研究阶段。

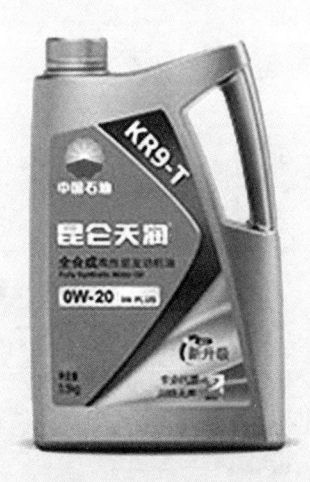

图1　昆仑KR9-T 0W-20

第五课 发动机技术与燃料对汽油机油的要求

随着汽车内燃机技术的快速发展，OEM对润滑性能的要求也日趋苛刻，除润滑油基本性能要求外，主要还体现在降低SAPS（硫、磷和灰分）、提高燃油经济性、增强抗氧化抗磨性及代用燃料的适应性四个方面。

为满足苛刻的环保法规，汽车企业通过加装尾气处理装置来降低排放，如在轿车上安装三元催化转化装置TWC，在柴油车上安装柴油颗粒捕捉器DPF和选择催化转化器SCR等。

为延长尾气处理装置使用寿命及降低排放影响，就需要使用低SAPS润滑油。在发动机工作过程中，会有少量润滑油被带入燃烧室参与燃烧并通过排气系统排出，润滑油的组分将会对尾气处理装置和排放产生一定的影响，如硫磷元素会使三元催化转化器催化剂中毒，降低三元催化转化器的活性；内燃机润滑油燃烧产生的灰分经过累积会堵塞DPF，造成尾气处理装置效率降低；另一方面，燃料油中硫含量已经降得很低，润滑油中的硫含量也会影响发动机的排放。

为减少二氧化碳的排放量，各国对汽车的燃料经济性提出了越来越高的要求，为了最大限度地提高燃油经济性，汽车发动机普遍采用缸内直喷、涡轮增压、启停等技术，会带来燃油稀释、低速早燃LSPI（在发动机低速高扭矩下燃烧室内混合气提前燃烧）、氧化加剧、油泥增多、烟炱增多等新的问题。为此，要求润滑油提高抗氧化、抗磨损、抗LSPI性能，以及具备良好的油膜保持能力，润滑油的低黏化和高燃油经济性也作为一种协助汽车OEM满足节能要求的辅助手段日益受到重视。

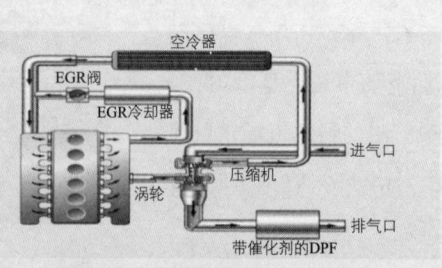

图1 涡轮增压器　　图2 典型尾气处理装置工作示意图　　图3 缸内直喷示意图

除此之外，为节省能源，国内外都在积极推动替代燃料的使用，如液化石油气LPG、压缩天然气CNG、醇类（乙醇、甲醇）及生物柴油等。这些替代燃料相比传统的汽柴油，在实际使用过程中也会带来一系列新的问题，为此也对润滑油的灰分、抗腐蚀性、抗氧化性、酸中和能力、乳液稳定性及生物燃料的适应性提出了具体的性能要求。

图4　甲醇燃料加注站

第六课 发动机润滑油的更换

　　车辆发动机就像人体的心脏，需要定期保养和维护；发动机润滑油就像人体的血液，在发动机中不断循环，血液质量的好坏直接影响心脏的健康，通过血液分析还可以判断心脏部件的状况。所有的润滑油都有一定寿命，在实际应用中，润滑油的性能随着发动机运转里程的增加逐渐下降，同时也会在遭到外来污染物不断破坏下，因过度消耗而丧失原有功能，为更好地保护发动机，合理更换润滑油就显得特别重要。

　　目前国家汽油机油换油标准GB/T 8028—2010，主要从运动黏度、闪点、酸碱值、正戊烷不溶物、燃油稀释、水分、铁、铜、铝、硅元素含量这几个方面进行了限定。但这个标准只是给润滑油厂商提供了判定换油期的参考依据。对于普通用户来说，要真正做到合理更换润滑油，需要基于润滑油推荐换油期，结合所驾驶汽车的实际工况、地域环境来综合考虑，总体上要掌握6个基本原则：

　　（1）对于一些长期行驶在苛刻自然环境下的车辆，需要相应缩短换油周期，例如高寒、高温、高湿、高原、山路及沙尘较多的地域，可以在推荐换油期的基础上缩短2000km左右；

　　（2）对于新车，在首次换油时也可以适当缩短换油期，因此时车辆还处于磨合期，有较多的金属颗粒混入润滑体系，缩短换油周期可以保持润滑油的纯净，起到更好的保护作用；

　　（3）对不常开的车辆，最好一年左右更换一次发动机油。长时间闲置时润滑油内会有较多凝结水，不利于发动机的润滑和冷却，而且空气中的氧气也会与机油中的添加剂发生化学反应，从而使润滑油的保护作用减弱或消失，同时混入润滑油体系的其他异物也会较多沉积在机底及机件表面，造成润滑不良，油品性能下降；

　　（4）在城市路况下，经常堵车，车速较低或长时间怠速等待，机油也容易变质，也需要适当缩短换油周期；

　　（5）对于运行工况、路况和环境地域相对缓和，且经常处于经济转速区运行的车辆，可以一年更换一次发动机润滑油，但也要结合实际运行里程，最好不要超过推荐换油期2000km；

（6）除此以外，车主还需注意润滑油卡尺上油位高低来做到及时补充，通过观察油液中是否存在明显颗粒物来判断是否应该更换发动机润滑油。

图1　长期不使用的车辆　　　　　　　　图2　检查机油卡尺

掌握以上6个原则，就可以很大程度上做到合理更换，在保护好发动机的同时不造成频繁更换的浪费。

车船润滑油脂及车辆产品

第七课 | 汽油机油发展趋势

随着国际润滑油规格发展及OEM全球一体化的性能要求趋势，润滑油性能主要向延长发动机润滑油换油期、降低对尾气处理装置及对排放影响、提高燃料经济性，以及低黏通用等方向发展。

美国润滑油市场主要为SN/GF-5，部分老旧车型会使用SL质量级别润滑油，但市场份额极少，黏度级别也以0W/5W居多。美国润滑油市场一旦新的标准被颁布，低一级别的产品将逐渐淡出市场，未来仍以节能润滑油、总体可靠性、化学元素限值、减少对低速早燃的影响、怠速启/停磨损、与乙醇的相容性、空气释放性等为研究和发展方向。

与美国不同，欧洲乘用车有近一半使用的是柴油，汽柴通用型发动机润滑油是欧洲润滑油市场的主要品类，其执行标准也以ACEA为基准，再根据不同OEM油品认证要求，增设相应试验测试，其试验数量及苛刻程度均高于API标准，但对油品的燃油经济性没有美国严苛。市场上主要是以A3/B4、A5/B5、C2、C3为主要质量级别，黏度级别以5W-30/40居多，主要关注各OEM的性能要求，低磷、低硫、低灰分，也就是低SAPS的环保型润滑油将是今后油品发展的主要趋势。

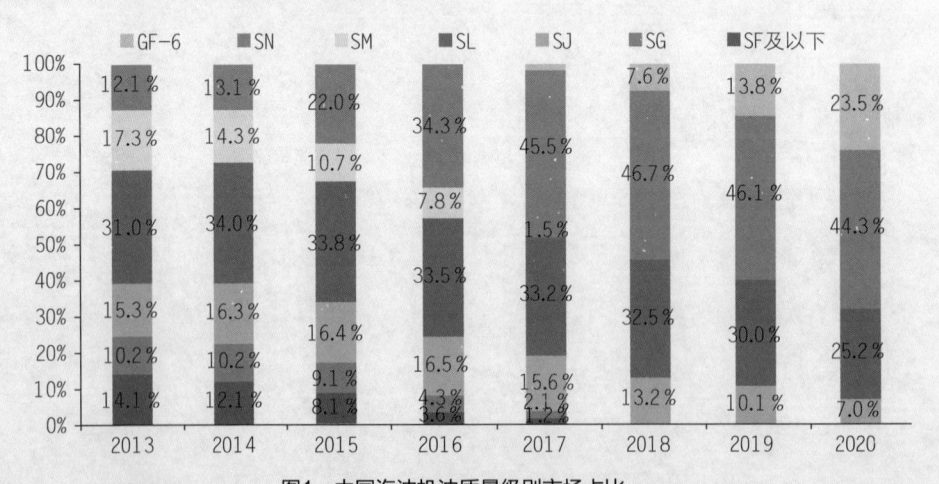

图1 中国汽油机油质量级别市场占比

我国市场用油质量水平参差不齐，低质量级别仍有SF存在，高质量级别也有SN/GF-5在使用。随着发动机技术进步和排放法规的日益严苛，未来国内汽油机油将逐渐与国外同步，高档节能型的车用润滑油需求将不断增加，低黏度节能型产品也将占有一席之地。

当前国内乘用车发动机润滑油规格仍以API/ILSAC为主，辅助以部分OEM指定的ACEA规格产品，主要为SJ/SL/SN/ GF-5，A3/B4、A5/B5和C3等，黏度级别为0W、5W、10W。

中国乘用车产量已经达到世界第一，发动机技术已经从引进吸收到自主创新新阶段，江淮、吉利和长城等自主品牌已经吸取了美系、欧系的诸多特点，正在形成自主发动机技术平台，润滑油规格也有必要和条件，在国际经验基础上，开发中国自主的标准体系和评价方法，希望在GF-6和2020年以后能够成为现实。

第八课　不同代用燃料对润滑油的要求

目前代用燃料主要有液化石油气LPG、压缩天然气CNG、乙醇汽油、甲醇汽油和二甲醚（还未推广）等，代用燃料的性质不同于传统的汽柴油，对润滑油的性能要求也各不相同。

液化石油气是以三个或四个碳原子的烃类（如丙烷、丙烯、丁烷、丁烯）为主的混合物，常温常压下是无毒、无色、无味的气体，具有辛烷值高（100左右）、抗爆性能好、热值高（45.22~50.23MJ/kg）、储运压力低（可液化为液体，用火车槽车或汽车、LPG船在陆上和水上运输）等优点，是一种性能优良的汽车代用燃料，可以使用普通汽油机油或柴油机油进行润滑。

天然气是石蜡族低分子饱和烃气体和少量非烃气体的混合物，甲烷含量在90%以上的称作干气，甲烷含量低于90%，而乙烷、丙烷等烷烃的含量在10%以上的称作湿气。气体燃料不同于汽柴油，其纯度高、热效率高，燃烧温度高、燃烧干净，但润滑性差，且常含有一定量的硫，容易造成发动机相关部件的黏结、摩擦、腐蚀和锈蚀等磨损，普通的发动机油不适用于燃气发动机的润滑，需要专门的燃气发动机润滑油，对油品的灰分和抗氧性有更高要求。

图1　运输液化石油气

图2　压缩天然气汽车

醇类代用燃料，车用甲醇/乙醇汽油是在汽油组分中，按体积比加入一定比例的甲醇/乙醇（我国按10%变性燃料乙醇）混配而成的一种清洁车用燃料。汽油中醇类含量的不同，对油品的性能要求也不同，一般随着醇类含量的增高，润滑油性能要求越高；醇类燃料具有一定的吸水性，蒸发潜热也比普通汽油高，相比传统燃料更容易渗入到润滑油中且不易挥发，会使润滑油形成较多的戊烷不溶物，要求润滑油具有很好的碱值保持能力、腐蚀抑制能力以及抗磨性能。

二甲醚与LPG物理性能相近，燃烧和排放性能优于LPG和甲醇汽油，常温常压下是气态，加压到5~6个大气压可以变为液体。液态二甲醚的黏度低（0.15kg/m.s），当用纯二甲醚作为燃料时，燃油系统中的偶件易磨损，导致偶件卡死或供油量不足而失效，此外对橡胶件也有一定的腐蚀影响，这就要求润滑油具有一定的黏度保持性和碱值保持能力。

图3　乙醇汽油加注站　　　　　图4　二甲醚加注站

总之，随着汽车保有量的增加，汽车尾气排放已经成为生态环境的主要污染源，同时石油资源趋于枯竭，环保法规日益严格都促使代用燃料越来越多地替代传统燃料，为了更好地满足润滑要求，保护发动机正常运行，在使用代用燃料的同时，我们需要关注不同燃料对润滑油性能的特殊要求。

第九课 车内VOC及甲醛排放

VOC是Volatile Organic Compounds（挥发性有机化合物）三个单词第一个字母的缩写，它通常包含多种已知对人体有害的致癌物，例如苯、甲苯、甲醛、乙醛等。

汽车是一个人们常处的密闭空间，车内座椅、车门内饰、仪表盘、地毯、行李箱及隔板、隔音棉和遮阳板等橡塑材料如果质量控制不好就会导致VOC产生。当车内VOC达到一定浓度，短时间内人们就会感到头痛、恶心、呕吐、乏力等，严重时会出现抽搐、昏迷，并会伤害到肝脏、肾脏、大脑和神经系统，造成记忆力减退等严重后果。VOC最致命的伤害，是会导致人体血液出问题，如患上白血病等。

图1　车内有害物质及其危害

2012年，GB/T 27630—2011《乘用车内空气质量评价指南》中确定了苯、甲苯、二甲苯、乙苯、苯乙烯、甲醛、乙醛、丙烯醛8种主要控制物质，规定了这些物质的浓度要求，但只是一个推荐性标准。

从市场上典型的乘用车抽查来看，不少品牌的甲醛含量在阴雨天气下都已经接近0.1mg/m³，如果在阳光暴晒情况下难免对人体造成不良影响。

车内空气质量事关消费者的基本健康权益，不容懈怠，消费者协会多次呼吁国家相关部门将其修改为强制标准，用政策法规标准约束零配件或整车厂家，在生产中充分考虑空气质量安全问题，避免用料设计中产生的污染危害消费者的健康。

2017年，国家环保部已启动《乘用车内空气质量评价指南》，拟将GB/T 27630—2011变更为强制标准，对车内空气中的苯、甲苯、二甲苯和乙苯等有害物质限值都有了更为严苛的规定。

表1　有害物质限值

控制物质	限值，mg/m³
苯	0.06
甲醛	0.10
甲苯	1.00
二甲苯	1.00
乙苯	1.00
苯乙烯	0.26
乙醛	0.20
丙烯醛	0.05

第十课 | 乘用车内甲醛排放水平

甲醛作为很多胶黏剂、橡塑产品中容易释放的有害挥发物，已经成为很多空间有害VOC的代名词，我国GB 50325—2010《民用建筑室内环境污染控制规范》要求I类民用建筑（住宅、医院老年建筑、幼儿园学校教室等）不大于0.08mg/m^3；II类民用建筑（办公楼、商店旅馆、文化娱乐场所、书店图书馆体育馆、候车室理发店等）不大于0.1mg/m^3。

汽车内甲醛含量，有效的标准是GB/T 27630—2011《乘用车内空气质量评价指南》，要求不大于0.1mg/m^3。

针对消费者对车内甲醛排放的关注，2017年10月15日我们用深圳天美意科技有限公司阿格瑞思WP6910检测仪，对21款典型乘用车进行了甲醛排放测试。按照0.1mg/m^{3}的标准，有一辆车接近上限；按照0.08mg/m^{3}的标准，三辆接近上限或超标。

图1 空气质量检测仪

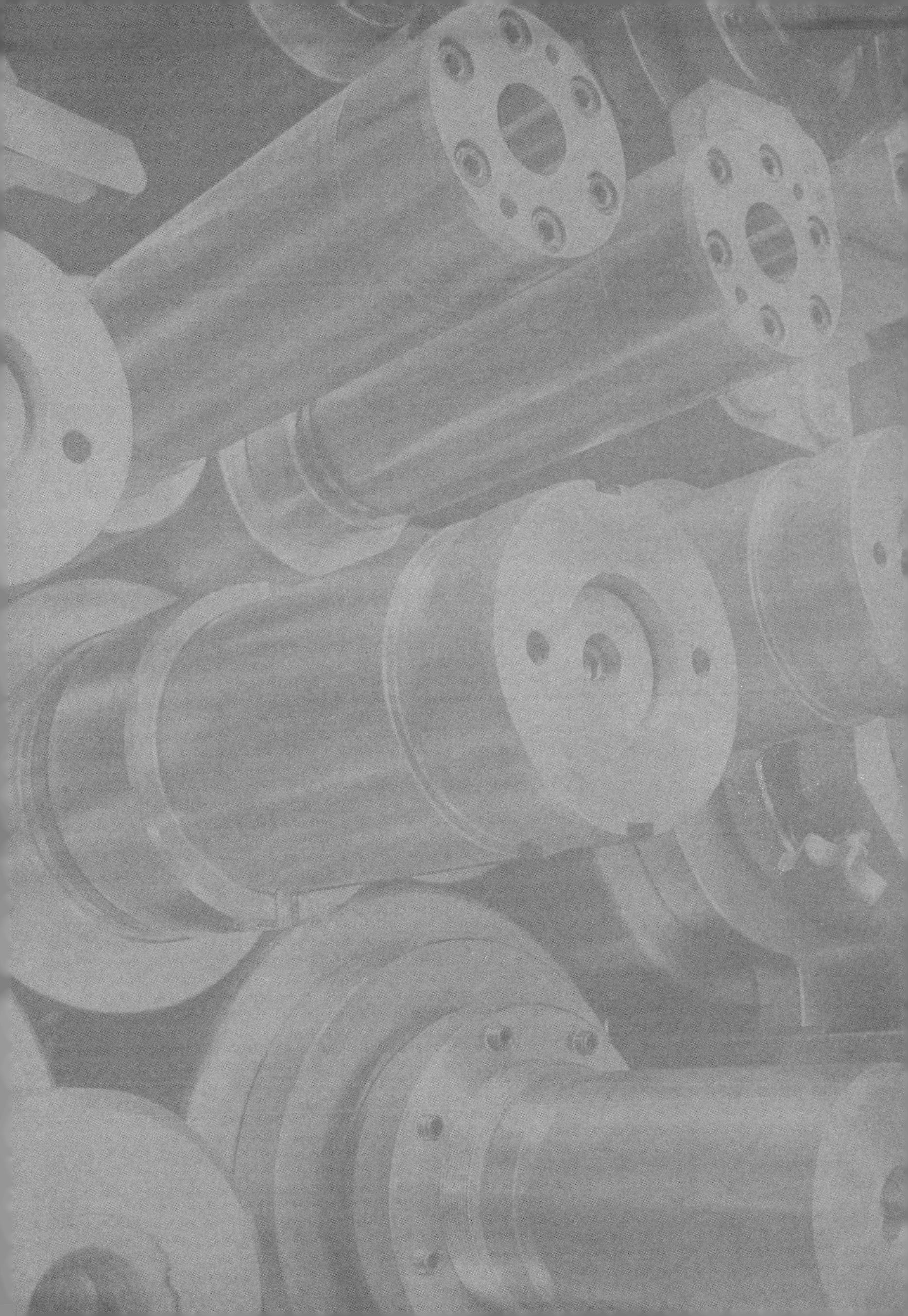

Lubricating Oil, Grease and Auxiliary Products for Automobile and Ship

第三章

商用车及柴油发动机润滑

Chapter 3

我国汽车工业飞速发展,截至2017年末,汽车保有量超过2亿辆,商用车年产销稳定在400万辆左右,其中重卡再次突破100万辆/年,预计到2020年商用车保有量将超过3300万辆,商用车润滑油消费仍将在250万吨/年左右,给润滑油行业的发展带来了无限广阔的前景。

我国是世界上第一大润滑油消费国,车用润滑油约占消费总量的56%,作为商用车的润滑主要包括发动机油、后桥齿轮油、变速箱油、动力转向油、刹车液、液压油和润滑脂等,分别满足动力系统、齿轮传动系统、液压系统和轮毂等非液润滑系统润滑需要。其中发动机润滑油消费占车用润滑油50%以上,是润滑油中升级换代最快的品种,代表着润滑油的发展水平。

随着我国从汽车大国向汽车强国迈进,商用车发动机技术取得了长足的进步,与国外技术的差距逐渐减少,部分技术还有一定先进性。为了适应不同阶段环保法规的要求,一些发动机的新技术大规模应用,不仅对发动机润滑油提出了新的性能要求,而且使润滑油的使用环境发生了巨大的变化。随着发动机的强化(增压、增压中冷、燃油高压喷射等),燃烧室内的气体温度和压力都大幅度地增加,进而导致发动机机械负荷和摩擦副表面温度升高,要求润滑油必须具有优异的高温清净性能和良好的抗氧化性能;为了降低排放使用的EGR或推迟喷油等技术,会导致发动机润滑油中烟炱含量增加,需要润滑油具有更优的烟炱分散能力以控制使用过程中的黏度增长;一些尾气后处理技术的应用,开始对润滑油的化学组成进行限制,强调润滑油的低硫、低磷、低灰分,也就是低SAPS发动机润滑油,以避免润滑油的某些衍生物影响后处理系统的耐久性,这些都是柴油机油发展的推动力。

面对环保法规的升级、发动机技术的新发展和OEM的新需求,在柴油机油规格发展过程中需要关注以下问题:我国的排放标准多参照欧盟制定,而润滑油标准则参照美国制定,排放标准和润滑油标准不匹配,不能像美国那样直接按照发动机的排放水平进行润滑油的选用。API标准在我国仍有较大的影响力,对我国润滑油的使用和自主规格的开发有借鉴意义,但我国发动机技术路线和各汽车发动机生产厂家存在差异,对润滑油有个性化要求;延长换油期将是商用车制造商和客户的长期需要,是未来发展的重要趋势,本章将结合以上问题分课给予阐释。

第一课 ｜ 柴油机油的发展趋势

减排、节能和延长换油周期是柴油机油发展的三大主要驱动。每一次排放法规的升级都带来发动机技术的革命，EGR（废气再循环）、DOC（氧化催化器）、SCR（选择性催化还原）、DPF（颗粒捕集器）等技术的出现，都对润滑油品的性能提出了新的要求，相应会推动新的润滑油规格的升级。

我国国Ⅳ、国Ⅴ重负荷柴油发动机普遍采用SCR技术，CI-4柴油机油基本可满足其润滑要求，但随着国Ⅵ排放法规的实施，单一的SCR或EGR+DPF的技术已不能满足排放法规的要求，或者即使能满足，也会大大增加OEM的成本，EGR+SCR+DPF等联合使用或将成为国Ⅵ发动机的主流技术路线，低SAPS油品将成为未来柴油机油的主流产品。

商用车油耗限值的不断严格，节能油品已成为未来柴油机油研究的重要方向之一，目前国际上还没有统一的标准和评价方法，但国内外部分OEM已开始重视柴油机油的燃油经济性，如江淮汽车等提出了明确需求。

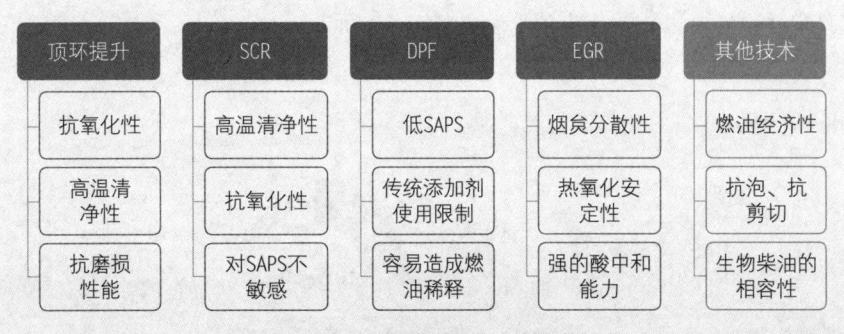

顶环提升	SCR	DPF	EGR	其他技术
抗氧化性	高温清净性	低SAPS	烟炱分散性	燃油经济性
高温清净性	抗氧化性	传统添加剂使用限制	热氧化安定性	抗泡、抗剪切
抗磨损性能	对SAPS不敏感	容易造成燃油稀释	强的酸中和能力	生物柴油的相容性

图1　发动机技术对润滑油的影响

我国柴油机油长期等同采用API标准，但排放及技术路线与美国差异很大，例如美国重型柴油机EGR率高，润滑油中烟炱可达6%~7%；我国重型车基本不采用EGR路线，烟炱多在2%以下，同时柴油发动机技术自主率已超过90%。鉴于此，在中国内燃机学会、汽车工程学会、石化标委会等组织推动下，联合国内润滑油公司、汽车和发动机OEM、添加剂企业，成立了重负荷柴油机油中国标准创新联盟，有望于2019年推出满足国Ⅵ排放法规的低SAPS柴油机油规格D01-2019。

第二课　API柴油机油新规格

经过20多年的发展，尾气排放的优化空间已不大，但是通过提高燃油经济性，将会整体降低尾气的排放。NHTSA（National Highway Traffic Safety Administration）对燃油经济性提出要求，另外EPA（U.S Environmental Protection Agency）严格了GHG（Greenhouse Gas）的排放，特别是CO_2的排放，为此开发了新的发动机，新的发动机热负荷更高，降低黏度是节能的重要手段之一，但是黏度降低后如何解决发动机的可靠耐久性是关键，因此在CJ-4的基础上对油品性能提升。同时，CJ-4台架配件的缺乏，也是新台架试验发展的推动力之一。

基于以上原因，API在2016年12月1日发布了CK-4/FA-4最新规格油品，该油品增加Volvo T-13台架评价抗氧化性能，代替ⅢG和部分T-12台架，强化了油品的抗氧化性能以及铅腐蚀性能；增加C-13 Aeration台架代替EOAT台架，提高油品的空气释放性能。通过Bosch喷嘴法在90次循环后，XW-40油品100℃运动黏度不小于12.8cSt，提高油品的剪切稳定性。其中CK-4具有高的高温高剪切（3.5mPa·s以上），满足向下兼容的问题，可以替代CJ-4，CI-4和CH-4等；而FA-4，降低高温高剪切（2.9~3.2mPa·s），用低黏度的油品来满足燃油经济性的问题，但不可向下兼容。

图2　柴油机油最新规格API CK-4/FA-4

第三课 国内OEM对柴油机油的需求

国内OEM对柴油机油的选用有较强的话语权和自主权，其选油原则一般是在满足API规格的前提下，根据自身发动机特点提出新的要求，并通过OEM台架试验进行验证。不同OEM的发动机由于其设计思路和技术路线不同而各有特点，对润滑油的要求也各有侧重。发动机温度高，对高温清净性要求高的典型代表是一汽6DM3等；发动机烟炱含量高，对油品烟炱分散性要求高的典型代表是东风汽车的DCI11等；发动机润滑油温度高，对油品抗氧化性要求高的典型代表是潍柴 WP13等。

为了满足环保要求，降低用户使用成本和维护费用，增加产品的卖点，国内主流OEM（一汽、东风、北汽等）都开始了对柴油机油长寿命化和节能化的试验探索，主流产品为$4\times10^4\sim10\times10^4$km不等换油期的油品；因受到发动机制造水平、油品的质量以及用户的使用工况、路况等多方面的影响，OEM在推荐长寿命产品时比较谨慎，考核严格，普遍做法是针对其主流车型先试先用，随着不断的考核和验证，长换油期油品的使用有望进一步增加。

柴油机油节能化近两年已成为热点，柴油发动机的节能减排可以通过改变和改善发动机设计、提高燃料质量和采用润滑油节能技术等3种主要途径来实现。相比之下，通过润滑油配方技术来提高燃油经济性的成本，要远低于发动机硬件改进，所以燃油经济性发动机润滑油的研制使用，能更快地实现节能减排的目的。虽然国际上柴油机油的节能还没有统一的标准和评价方法，但国内外部分OEM，如江淮汽车等已开始重视柴油机油的燃油经济性，提出了明确的节能需求。

工信部油耗限值　（以GCW:49t牵引车为例）

2011年　一阶段　54L/100km　→降13%→　2014年　二阶段　47L/100km　→降15%→　2020年　三阶段　40L/100km

图1　工信部对柴油车油耗限值

第四课 昆仑长寿命柴油机油15W-40D12

润滑油产品需要定期更换的根本原因：一方面是油品中添加剂已基本消耗完毕；另一方面是油品中的污染物已超出油品本身的分散能力，需要排出油品中聚集的污染物，如烟炱、酸性物质、灰尘等。

近年来，润滑油添加剂技术和发动机制造技术的飞速发展，使得柴油机油的长换油周期成为可能。现代发动机使用材料、设计精度的提高，使各摩擦副的配合度更好，窜入油品中的污染物大大减少，发动机磨损更小；长寿命油品的设计，极大地提高了油品的性能储备。

欧洲长寿命柴油机油换油期能达到15×10^4km，美国也在8×10^4km左右；国内柴油机油的换油周期普遍在2×10^4km以下，近两年国内主流OEM逐渐提出并使用换油周期为4×10^4km甚至10×10^4km的产品。

使用长寿命柴油机油好处显而易见：可减少换油频次，降低维护费用，提高运营效率，降低用户使用成本，与使用普通润滑油相比，每年节约油料费、检修费和误工费近万元。另外，还可降低油品消耗，节约资源，保护环境。

图1 长寿命柴油机油与普通机油抗氧化性能比较

在长寿命发动机润滑油的使用过程中，需要注意三点：（1）长换油期是与现代发动机制造、传动技术以及具有优异性能的润滑油产品相结合，即使使用长换油期润滑油，在大多数老型发动机上也不能延长换油期，一般推荐在国Ⅳ以后的发动机上使用;(2)长换油期通常是在可控的正常工况下使用,在赛车或山区、灰尘大、使用条件恶劣的情况下,换油期都会受到影响;(3)普通润滑油并不能实现长换油后期,只有长寿命润滑油产品并配合长效机油滤清器,才能实现长换油周期。

昆仑润滑油在长寿命柴油机油研发方面积累了大量的经验,2017年推出的15W-40D12曾在不同的地区、不同车辆开展了累计800×10^4km以上的行车试验,表现出了优异的使用性能,换油周期可达到12×10^4km。

图2　15W-40 D12长寿命柴油机油

第五课　润滑油滤清及滤清器

如果把润滑油比作发动机的血液，那么润滑油滤清器就是发动机之肾。发动机润滑油在工作过程中，发动机零部件摩擦产生的金属屑、外来尘土、润滑油本身产生的胶质和烟炱等污染物杂质，都会不断进入润滑油；在发动机润滑系统中安装润滑油滤清器，就是要及时滤除这些有害杂质，以确保润滑油的清洁，才能有效起到润滑保护零部件、延长发动机寿命的作用。如果没有滤清器，或滤清器不能发挥应有的作用，这些杂质就会在润滑油系统中积累，进一步促进零部件的磨损、腐蚀，以及油泥和漆膜的生成，最终会造成油路堵塞，润滑失效。

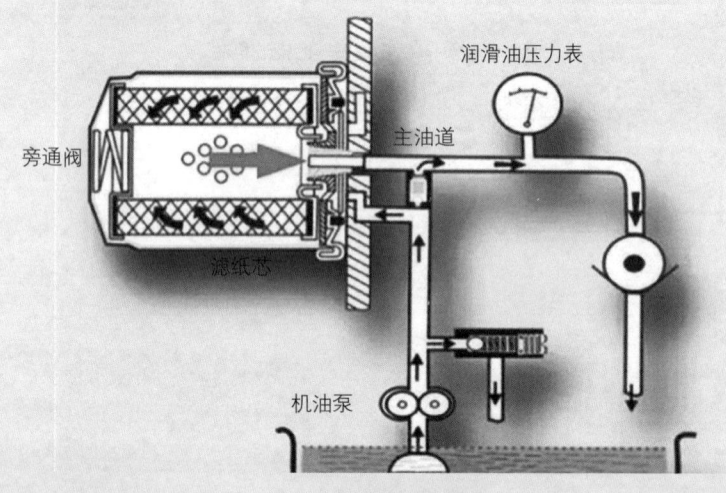

图1　机油过滤系统

润滑油滤清器按杂质过滤的工作原理可以分为机械分离、离心分离和磁性吸附等三大类。机械分离就是通过纸质、化纤或金属等机械滤芯进行过滤分离掉污染物；离心分离指润滑油通过一个高速旋转的转子，使油中杂质受离心作用被甩向转子内壁，从而从润滑油中分离出来，主要用于大型固定式柴油发动机或船舶发动机，移动式柴油发动机应用比较少。磁性吸附是利用永久磁铁的磁性力将润滑油中的铁质粒子吸附，不让它们在润滑系统中来回循环，避免危害发动机零部件，主要应用于固定式。

现代车用柴油发动机一般采用一次性整体式机械滤清器，它串联在润滑油泵与润滑系统主油道之间，为全流式滤清器。滤芯与壳体做成一体，不可分解，通过纯机械分离、架空分离和吸附分离三种形式滤掉污染物。纯机械分离就是以一定孔径滤材过滤机械杂质和油泥，粒径大于滤孔的杂质被滤材阻拦而过滤掉；架空分离就是大量污染粒子附着于滤孔内壁上，随着粒子逐渐增多，滤孔逐渐变小形成架空现象，使过滤出来的粒子尺寸小于滤孔尺寸，润滑油中粒子形状多数不规则，易于形成架空过滤；润滑油中的胶性物质，常黏附在滤材表面或滤孔内壁，而实现吸附分离。

正确地使用和维护好润滑油滤清器，保持其正常的工作状态对于延长发动机的使用寿命至关重要。润滑油滤清器使用一段时间后，滤芯上面附着很多杂质和污物，应按照说明书要求定期进行更换，否则过滤阻力太大滤清器旁通阀打开，润滑油就会不经滤网通过滤清器，造成润滑油劣化和润滑不良。对于正常行驶的大型商用车，润滑油滤清器多采用木浆纸滤芯，应于每6个月或2×10^4km与润滑油一起更换；对于长寿命发动润滑油，应配套专门设计的润滑油滤清器，一般应采用合成纤维滤芯，在恶劣工况或多尘道路行驶的车辆，应相应缩短润滑油及其滤清器更换里程和时间。

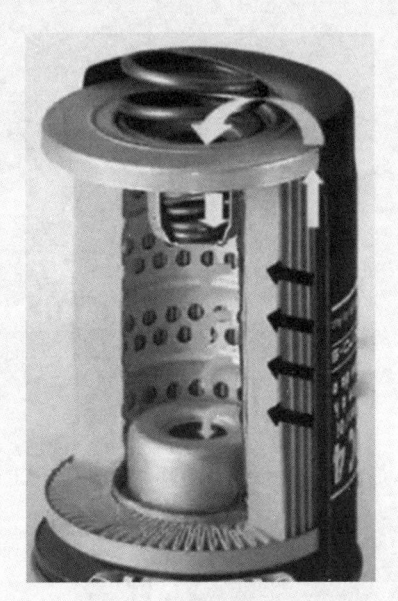

图2　机油滤清器结构

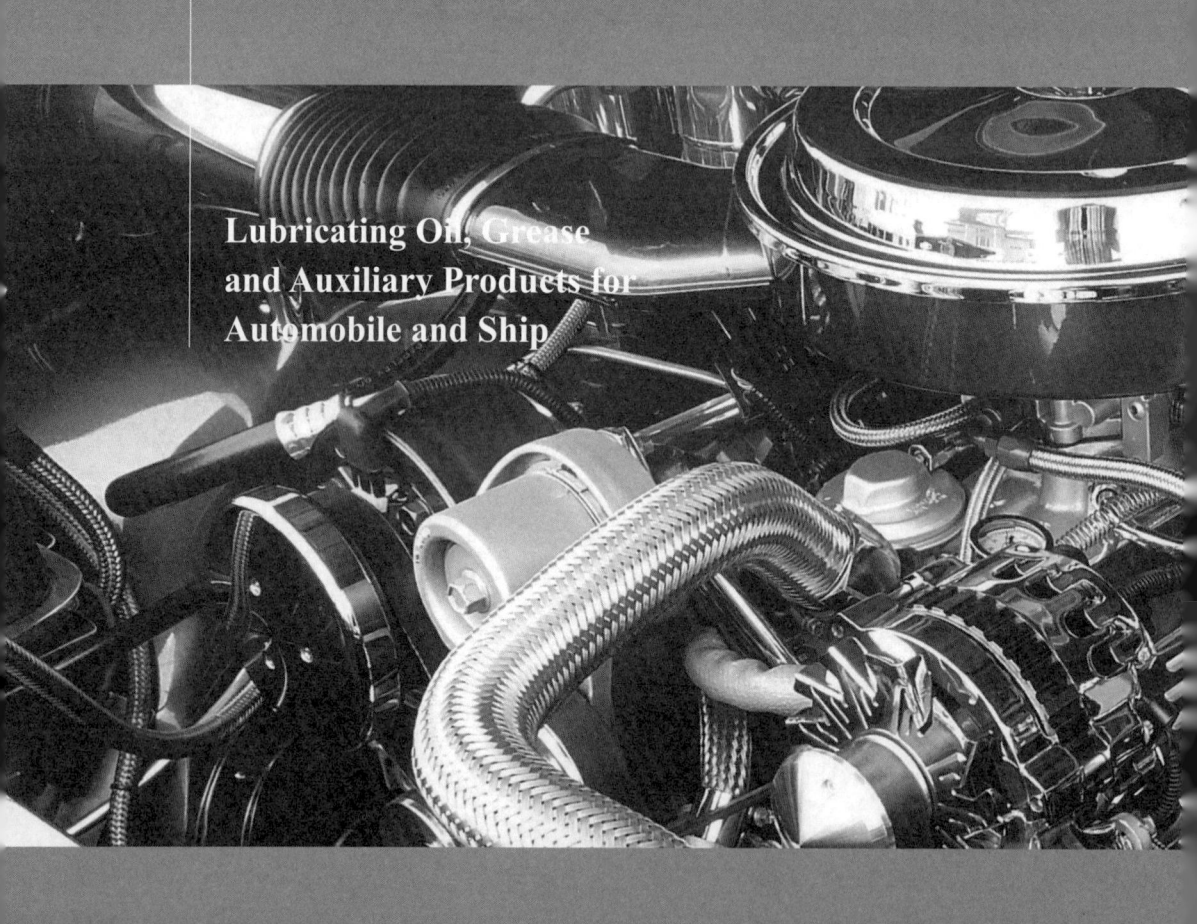

Lubricating Oil, Grease
and Auxiliary Products for
Automobile and Ship

第四章

新能源汽车及其润滑

Chapter 4

新能源汽车通常是指采用非常规车用燃料作为动力来源，综合车辆的动力控制和驱动方面的先进技术，形成技术原理先进、结构新颖的汽车。新能源汽车一般包括天然气、混合动力、纯电动和燃料电池汽车等，当前应用最多的是油电混合动力和纯电动汽车，燃料电池汽车也开始运行，随着环保法规日益严格，未来汽车趋向于零排放，新能源的概念会不断变化。

以天然气为燃料的新能源汽车所用润滑油需要专门的燃气发动机润滑油，它的性能要求为具有适宜的灰分、碱值，良好的抗硝化及抗氧化性能，良好的控制活塞沉积物的性能和良好的抗磨损及抗腐蚀性能。天然气燃烧比较干净，主要依靠润滑油中的灰分控制进气阀及排气阀的磨损，灰分过低会导致阀门及阀座的磨损、嵌入和沉陷；灰分过高将导致阀门熔损、燃烧室及活塞沉积物衬里磨损和提前点火等，所以不能太高或太低。按照硫酸盐灰分含量高低，燃气发动机润滑油分为无灰型、低灰型、中灰型和高灰型。这种分类可根据燃料气的干净程度或发动机载荷、工况等因素选择合适的燃气发动机润滑油，使用条件、工况不同，燃气发动机润滑油在满足一些共性的情况下，还具有一定的差异性。

混合动力汽车的抗磨等性能要求，并不比常规汽车高，为了节能通常选择低黏度润滑油，通常要添加MoDTC（二烷基二硫代氨基甲酸钼）等多功能添加剂，在油中与硫结合形成MoS_2，吸附在金属部件的表面，一方面减小摩擦系数，降低摩擦功，另一方面起抗磨损、抗氧化的功效。混合动力一般应选择黏度指数较高的油品，使油品的低温黏度尽可能地小，减少启动时候的摩擦功损失，达到更加节能的效果。

无论是混合动力、灵活燃料、天然气，还是纯电动汽车，都无法到达零排放、零污染的要求，以上能源形式是未来汽车模型的过渡方案，跟随、研究、分析好这些车型的用油需求和技术演变，才是通向未来的正确之路。

本章主要介绍新能源汽车概念、分类及未来发展趋势，同时详细阐述了新能源汽车所用润滑油的性能、特点，尤其是燃气发动机润滑油。

第一课　新能源汽车的概念及分类

新能源汽车是指采用非常规的车用燃料作为动力来源，综合车辆的动力控制和驱动方面的先进技术，形成的技术原理先进、具有新技术、新结构的汽车。新能源汽车大体上有四种类型，混合动力电动汽车HEV、纯电动汽车BEV（包括太阳能汽车）、燃料电池电动汽车FCEV、清洁能源汽车（CNG/LNG）等。截至2017年底，全国新能源汽车保有量达153万辆，占汽车总量的0.7%。其中，2017年新能源汽车新注册登记65万辆，与2016年相比，增加了15.6万辆，增长了24.02%。

受天然气资源及价格等因素制约，天然气汽车主要以商用为主，西部地区占比较东部沿海省份大。天然气主要成分是甲烷，C与H比例低于汽柴油，燃烧后会生成更多的水，水对发动机部件有腐蚀、锈蚀作用，与机油混合可形成乳化层。因此，天然气发动机润滑油在腐蚀、锈蚀以及乳化等方面有更高的要求。

图1　新能源汽车的分类

混合动力及纯电动汽车主要集中在交通、环境矛盾比较突出的特大城市，如上海、北京。混合动力及纯电动汽车目前受制于电池技术的发展，续航里程、充电时间及整车质量之间的矛盾很难平衡，且售价较高，短时间内普及难度较大，需要政府给予长期补贴。

混合动力汽车是利用电池及电动机缓解驾驶时对功率密度的要求，换句话说，就是缓和了发动机的工况，为利用发动机的效率而牺牲部分功率。由于混合动力汽车发动机工况相比较普通汽车的发动机工况较为缓和，对于混合动力汽车用油的实际要求要低于普通汽车的用油要求。但在节能方面，为了配合整车的节能性，通常选择低黏度机油，起降低发动机的泵送损失的作用。

第二课　燃气发动机润滑油及其分类

世界上还没有燃气发动机润滑油的统一标准，也没有相应台架评定方法。SAE和ASTM正在与各发动机厂商以及润滑油、添加剂公司共同开发天然气发动机润滑油的台架评定分类和方法。

国际上通常将天然气发动机润滑油分为理想配比发动机润滑油NG-1、贫燃式发动机润滑油NG-2和汽车天然气发动机润滑油NG-3三类，但我国没有采用。

国内采用的分类是：按照硫酸盐灰分含量高低，分为无灰型(硫酸盐灰分<0.15%，TBN 1~3mg KOH/g)、低灰型(硫酸盐灰分0.15%~0.6%，TBN 3~6mg KOH/g)、中灰型(硫酸盐灰分：0.6%~1.0%，TBN 6~12mg KOH/g)、高灰型(硫酸盐灰分>1.0%，TBN>12mg KOH/g)。这种分类可根据燃料气的干净程度或发动机载荷、工况等因素选择合适的燃气发动机油，被广泛认可。

一般而言，以干燥无硫、低硫天然气为燃料，二冲程的燃气发动机使用无灰型燃气发动机润滑油；使用干燥无硫、低硫的气体燃料，四冲程燃气发动机选用低灰型燃气发动机润滑油；使用高硫天然气为燃料，双燃料、四冲程的发动机选用中灰型燃气发动机润滑油；使用酸性、潮湿的气体、工况较差的四冲程发动机则选用高灰型的燃气发动机润滑油。

固定式天然气发动机相比运输用燃气发动机，在低温性能、腐蚀性、油泥抑制和阀系磨损等方面的性能要求较低。而且相比车辆上的使用，固定式燃气发动机没有频繁的启停，对清净性、抗氧化性要求也较低。但由于燃烧的硝化作用、灰分引起的早燃、火花塞的污染、气门座的位移等性能要求，固定式要求较高。因此，二冲程固定式燃气发动机要使用较低灰分的油品。但四冲程固定式燃气发动机要求更多的清净剂灰分，以控制气门座位移和整机的清净性。

第三课 | 燃气发动机润滑油灰分的重要性

灰分是指在规定条件下，灼烧后剩下的不燃烧物、经燃烧所得的无机物。灰分的组成一般认为是一些金属元素及其盐类。润滑油行业所称灰分，也叫硫酸盐灰分，是在油样燃烧后灼烧灰化之前加入少量浓硫酸，使添加剂的金属元素转化为硫酸盐，精确称量计算得到的结果。

以天然气为燃料的发动机的润滑，灰分尤其重要。天然气作为燃料，其燃烧特点不同于汽油和柴油，燃气燃烧属于完全燃烧，比较干净，金属之间的摩擦、高温腐蚀导致阀门及阀座的磨损都依靠灰分控制，因此要求润滑油灰分不能太低。如果灰分过低，会导致阀门及阀座的磨损、嵌入和沉陷。

但是如果灰分过高，经过一段时间的使用会有灰分沉积，灰分沉积是由于燃烧不良形成的碳颗粒和润滑油添加剂中的金属盐形成的。高温会使灰分沉积，在火花塞点火前引起早燃，产生爆震，增加发动机尤其是轴承与曲轴的负担，导致无法控制燃烧、过热、功率损失和振动噪声等现象的增加。而活塞上的灰分聚集物由于缸内压力的变化，很有可能发生自燃，也就是会发生爆震现象，对发动机十分不利。另外，大量沉积物积累将导致阀门熔损、燃烧室及活塞沉积物衬里磨损、火花塞肮脏、二冲程发动机进气口堵塞。

因此，燃气发动机润滑油对灰分有严格的要求。

第四课　燃气发动机润滑油性能特点

燃气发动机润滑油的性能在一般发动机润滑油基础上，需要注意以下5点：

（1）需要根据发动机形式，具有适宜的灰分。燃气燃烧属于完全燃烧，比较干净，主要依靠润滑油中的灰分控制进气阀及排气阀的磨损，如果灰分过低，会导致阀门及阀座的磨损、嵌入和沉陷；灰分过高，将导致阀门熔损、燃烧室及活塞沉积物衬里磨损和提前点火等情况，所以燃气发动机润滑油对灰分有严格的要求，不能太高或太低。

（2）需有适宜的碱值。燃气的燃烧温度比较高，燃烧废气在高温下易生成氮氧化物，加之高温氧化均使油品的酸值增加，为了抑制油品的酸值增加，燃气发动机润滑油需有一定的碱值。

（3）需有良好的抗硝化及抗氧化性能。燃气的燃烧温度比较高，燃烧废气在高温下易生成氮氧化物，窜入曲轴箱加速润滑油氧化变质，因此，燃气发动机润滑油必须具有良好的抗硝化和抗氧化性能。

（4）需有良好的控制活塞沉积物的性能，也就是清净性能。燃气的燃烧温度比较高，硝化及氧化会导致油品的黏度增加，并伴随产生油泥，因此，燃气发动机润滑油还需有良好的控制活塞沉积物性能。

（5）需有良好的抗磨损及抗腐蚀性能，气体燃烧时火焰传递速度较慢，排气温度较高，排气阀导管和阀座处的润滑油工作条件恶劣，造成发动机磨损加剧，同时氧化、硝化使润滑油酸值增加，加速发动机金属部件腐蚀，因此，燃气发动机润滑油需要具有良好的抗磨损及抗腐蚀性能。

第五课 | 醇类发动机润滑油性能特点

醇类燃油作汽车燃料可有效地降低排放，减小汽车尾气造成的环境污染。市场上主要有燃料甲醇和乙醇，其中醇类含量小于10%的，称为低浓度混合燃料；醇类含量达到85%及以上的，又称为燃料醇。

醇类燃料汽车同使用汽油、柴油等常规燃料的汽车相比对润滑油的要求有很大不同，主要体现在三个方面：

（1）当润滑油遇到含水的醇类燃料时，对发动机零部件的磨损、腐蚀带来一定的影响，同时会造成润滑油低温启动性能下降，沉积物增多，引起提前点火，严重时将会使润滑油品乳化，完全失去润滑作用，造成发动机报废。

（2）醇类燃料易于与润滑油混合，在较低的温度下容易与油形成乳化液，它比汽油更易到达气缸壁，造成沉积物量增大，降低润滑作用，以致磨损量增大。因此，醇类燃料润滑油的磨损，特别是汽缸壁、活塞环磨损已成为人们研究的重点。

（3）醇类燃料发动机对润滑油的要求是满足基本的润滑性能要求外，同时需要进一步提高活塞清净性，减少沉积物的生成，有效防止油品的氧化，降低发动机摩擦表面磨损。由于醇类燃料这些特殊性质，决定了其对发动机润滑油的要求有别于常规的汽柴油对发动机润滑油的要求。

历史上对于燃料、水与润滑油的乳化的态度是随技术的进步而变化的。20世纪60年代润滑油对水的容忍度并不高，水与润滑油的乳化和破乳是动态的过程，破乳后水从润滑油中出来，聚集在发动机部件表面引起腐蚀和锈蚀。因此，当时希望燃烧生成的水与润滑油不要发生乳化而能够及时排出，与现在的E85试验（乳化相容性试验，主要测试发动机润滑油的含水能力，防止游离水腐蚀发动机）目的恰好相反。但由于润滑油老化后，极性基团大量增加易与水形成乳化，这也是为什么E85试验只测试新油的乳化能力的原因。

图1　E85燃料相容性试验

第六课　混合动力润滑油

　　混合动力汽车是利用电动机和电池组的配合缓解发动机峰值功率，进而达到节油目的。汽车节能减排有几个方向：降低摩擦损失的能量；减少热损失；燃料充分燃烧；构件轻量化。混合动力车在其中两点做了优化，以达到节能的目的。

　　混合动力汽车普遍使用了阿特金森循环发动机（如传祺GA3S PHEV插电式混动版），取代普通汽车上使用的奥托循环发动机。该循环的特点是热效率较高，但峰值功率相应变小。利用电池组和电动机在能量富裕时吸收剩余的热效率，并在需要动力的时候输出，达到节能的目的。

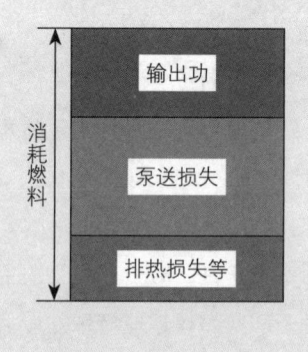

（a）奥托循环　　　　　　　　　　（b）阿特金森循环

图1　阿特金森循环与奥托循环对比

　　混合动力汽车在降低摩擦损失方面，通常选择使用低黏度的润滑油，如丰田prius用油为0W/5W-20。近年来，润滑油黏度进一步下探到16、12甚至8的等级。润滑油黏度的降低，特别是当高温高剪切黏度HTHS低于2.3mPa·s时，发动机的磨损呈垂直增长态势，这就要求润滑油的性能和发动机材料技术大幅度提升，在节能的同时保证发动机的正常运转。

表1 不同黏度等级的高温性能差异

黏度等级	100℃运动黏度，mm²/s	高温高剪切黏度（150℃），mPa·s
20	6.9~9.3	≥2.6
16	6.1~8.2	≥2.3
12	5.0~7.1	≥2.1
8	4.0~6.1	≥1.7

因此，低黏度润滑油通常添加MoDTC等多功能添加剂，在油中与S结合形成MoS_2，吸附在金属部件的表面，一方面减小摩擦系数，降低摩擦功，另一方面起抗磨损、抗氧化的功效。MoDTC在20世纪60年代开始使用，属于老品种常用添加剂。在当下进一步降低黏度的背景下，却发挥越来越大的作用。

第七课 润滑油节能的两种方法

随着时代发展和环境变化，对汽车的节能减排要求不断提高，进而润滑油的节能性表现变得越发重要。润滑油节能就是在保证其他性能不降低的情况下，降低摩擦损失功率，主要采取两方面措施：一是添加摩擦改进剂，降低油品的摩擦系数；二是降低油品的黏度，减少油品的黏滞阻力。

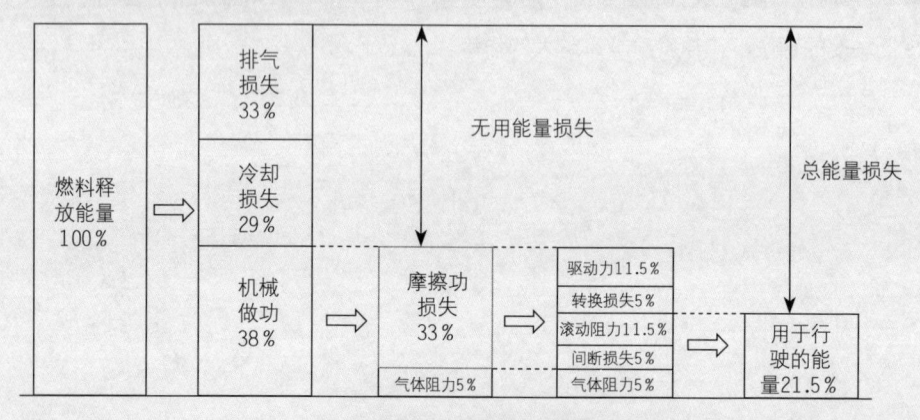

图1 汽车燃烧释放能量损失图

相同的复合剂体系下，黏度的降低可以有效减小摩擦损失功率。比较简单的办法是增大油品的黏度指数，即保证油品高温黏度提供足够油膜厚度的同时，降低油品的低温黏度，减小发动机启动阶段的摩擦阻力。高黏度指数油品的节能性在同黏度的基础上可提升0.4%的燃油经济性。

摩擦改进剂分为有机和无机两大类，其代表分别为甘油酸酯和MoDTC，二者均能有效降低油品的摩擦系数。MoDTC是一种多功能添加剂，提供良好的减摩性的同时，在抗磨损和抗氧化方面均有良好的功效，最大失效里程在10000km左右。有机减摩剂品种较多，如甘油酸酯、酰胺、油酸等，在不影响其他添加剂功能的前提下，有选择地使用才能达到节能效果。否则，减摩剂的极性过强会影响其他添加剂的功能团在摩擦副上的吸附，润滑油其他方面的性能难以发挥。近年来，发动机材料技术不断发展，对易磨损部件，如活塞、凸轮等，进行喷涂或材料处理，如活塞裙部喷涂一层石墨状材料（Diamond Like Carbon，简称DLC），可以有效保护活塞裙部的苛刻磨损。但由于质地有别于金属材料，对添加剂的吸附会有所影响，需要重新评价减摩剂的节能性表现。

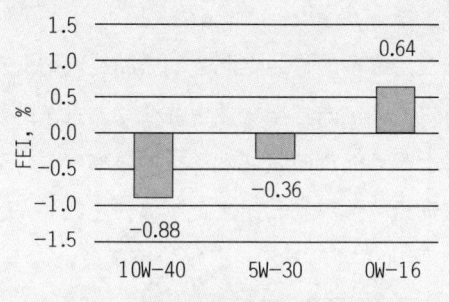

图2　不同黏度级别油品节能性对比

第八课 | 真正的新能源车还未到来？

目前，新能源汽车应用最多的是油电混合动力和纯电动汽车，但这两者都不是未来更优能源消耗的可行性方案。非插电式油电混合动力汽车的能量唯一来源依然来自化石能源的燃烧，效率上不可能突破汽油发动机的效率上限，节能性是通过缓解功率密度，把一小部分的发动机热效率利用起来，以提升热效率，达到节能目的。插电式混合动力车和纯电动车受制于电池技术，迟迟没有突破，以及电能的二次能源属性，实际的节能环保效果也有限。

目前电动车的电池容量最大达到100kW·h，普通纯电动车或插电式混合动力车的电池容量大多处于20~40kW·h之间，电动车的突破必须以电池功率密度的提升为基础，仅靠累加电池容量并不是发展新能源车的初衷。电能的二次能源属性掩盖了电动车的排放，电动车并不是没有排放，而是在生产电能的时候集中排放，虽然总排放差异并不大，但对于污染和排放的转移有明显效果。

表1 不同品牌及型号的纯电动车辆的性能特点

品牌及型号	电池材料	电池容量，kW·h	续航里程，km	整车质量，kg
特斯拉	锂离子	100	632	2108
比亚迪秦	磷酸铁锂	47.5	300	1720
宝马i3	锂离子	19	245	1224
荣威RX5	三元锂	48.3	320	1710

特斯拉Model S电池组板由16组电池组串联而成，且每组电池组由444节锂电池，每74节并联形成，也就是总共由7104节18650锂电池组成。特斯拉只是增加了电池的数量，并没有电池技术的突破。因此，特斯拉相较于其他电动车仅有量的变化而已。

现有的新能源车对润滑油性能的要求，远不及目前火热的小排量涡轮增压发动机对润滑油的性能要求苛刻。未来真正的新能源车会以何种形式登上历史的舞台，尚在发展、观察之中，但可以肯定的是，润滑油依然会在移动载体上存在，而且将随着技术的突破，对润滑性能的要求将是更加精准而可靠。

图1 特斯拉Model S电池组板

第九课 昆仑燃气发动机润滑油

天然气发动机存在冲程和使用环境的不同，因此，无法形成燃气发动机润滑油的统一标准，也没有相应台架评定方法。

天然气发动机有二冲程和四冲程之分。二冲程发动机润滑油相比四冲程发动机润滑油有更低的灰分和总碱值TBN，四冲程固定式要求添加更多的清净剂灰分，以控制气门座位移和整机的清净性。

在北美，天然气运输车队通常两种发动机都有，固定式的电厂发动机也是如此。因此，对天然气发动机油的要求呈多样化发展，产品要求则单一化，方便工厂、车队购买、储存和使用。国内运输行业绝大部分是四冲程发动机，电厂两者皆有，对油品的性能要求呈多样化的发展之外，产品分类也呈分化之势。因此，国内燃气发动机油的市场更加复杂。

昆仑燃气发动机润滑油根据使用工况不同，已有移动式燃气发动机润滑油和固定式燃气发动机润滑油产品，其中移动式包括公交专用高级燃气发动机润滑油、重负荷移动式燃气发动机润滑油、长寿命重负荷移动式燃气发动机润滑油，固定式包括无灰、低灰和中灰系列产品。

这些产品因使用条件、工况不同，在满足燃气发动机润滑油共性的情况下，性能有一定差异。例如重负荷移动式燃气发动机润滑油，应用于载重大、负荷高的车辆，对油品的抗氧化、抗腐蚀、抗剪切稳定性能要求提高，因此增加了蒸发损失、柴油喷嘴剪切试验、腐蚀试验和液相锈蚀试验等。

表1 昆仑燃气发动机润滑油产品

产品类别	移动式燃气发动机润滑油		固定式燃气发动机润滑油		
产品名称	公交专用高级燃气发动机润滑油	重负荷移动式燃气发动机油/长寿命	无灰型燃气发动机润滑油	低灰型燃气发动机润滑油	中灰型燃气发动机润滑油
硫酸盐灰分,%	0.1~0.6	0.15~0.6	≤0.15	0.15~0.6	0.6~1.5

续表

产品类别	移动式燃气发动机润滑油		固定式燃气发动机润滑油		
产品名称	公交专用高级燃气发动机润滑油	重负荷移动式燃气发动机油/长寿命	无灰型燃气发动机润滑油	低灰型燃气发动机润滑油	中灰型燃气发动机润滑油
碱值，mg KOH/g	3.0~6.0	3.0~6.0	1.0~3.0	3.0~6.0	6.0~12.0
元素	硫、磷、氮	磷：不大于0.08%	硫、磷、氮	硫、磷、氮	硫、磷、氮
1M-PC	通过	通过	无要求	通过	通过
L-38	通过	通过	无要求	通过	通过
腐蚀试验（CBT）	无要求	报告	报告	报告	同CF-4要求
液相锈蚀	无要求	无锈	无要求	无锈	无锈
柴油喷嘴剪切试验	无要求	在黏度等级范围内	无要求	无要求	无要求

Lubricating Oil, Grease and Auxiliary Products for Automobile and Ship

第五章
汽车传动系统及其润滑
Chapter 5

从汽车整体结构来看，动力从发动机发出，经过离合器、变速器和传动轴，直至差速器，最终传输至驱动轮，带动汽车行驶。同时，驾驶者还有一个控制系统，指令经过动力转向器传递给转向拉杆结构，以及安全控制所用的刹车系统。

综上所述，汽车传动结构包括离合器和变速器组成的变速箱、驱动桥（差速器）和动力转向系统。在这三个结构中，以变速箱种类最多、结构最复杂，用油也最为复杂，总体上分为手动变速箱和自动变速箱两大类。其中手动变速箱又衍生出电控式手动变速箱，自动变速箱又分为AT（自动变速箱）、CVT（无极自动变速箱）和DCT(双离合器自动变速箱)等三大类。

手动变速箱主要由齿轮传动结构组成，动力由发动机输出，在离合器和齿轮啮合过程中完成扭矩的传递。手动变速箱油对抗磨损性能、同步器摩擦性能和高温清净性要求较高。驱动桥处于传动系统的末端，驱动桥里面主减速器、万向传动轴等都放置在桥包里由驱动桥齿轮油润滑，驱动桥齿轮油对极压性能、热氧化安定性、以及防锈防腐蚀性能要求较高。

三种自动变速箱核心部件都是由湿式离合系统和变扭系统组成，湿式离合系统的摩擦性能是自动变速箱共同的关键性能。其中AT和CVT通常会有一个变矩器参与组成湿式离合系统，DCT则是双质量飞轮组合成湿式离合系统，三者最主要的差异性是变扭系统。

AT使用行星齿轮变扭，需要润滑油具备保护齿轮的能力。但由于AT有变矩器系统，其行星齿轮结构虽然精细，但齿轮需要承担的面压并不大，需要润滑油具备的极压性能远小于手动变速箱。CVT变扭的结构是两个锥盘系统，使用钢带相连，需要润滑油具备维持钢带与锥盘之间摩擦的稳定性。DCT的变扭结构是两个巨大的齿轮离合结构，同时由于其没有变矩器结构，离合器啮合时齿轮与手动变速箱类似，对润滑油的极压性能要求较高。

自动变速箱换油周期需求也越来越长，为了保证变速箱长期工作的稳定性，润滑油如手动变速箱油一样，也需要具备优异的抗氧化性能、剪切稳定性、低温性能和防腐蚀性能。

现代车辆齿轮油在齿轮设计时已被视为齿轮装置的重要结构材料，主要用于各种车辆手动变速箱和后桥传动齿轮的润滑，随着汽车工业的发展，节能、高效的齿轮传动系统成为未来的技术趋势，而润滑油在传动系统的性能、寿命等方面发挥着越来越重要的作用。

第一课 | 乘用车手动变速箱油

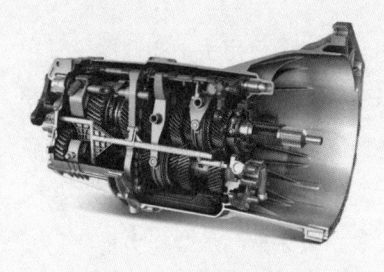

图1 手动变速箱结构图

手动变速箱包括变速传动机构和操纵机构，加入齿轮油采用飞溅润滑的方式润滑齿轮与轴承等零部件。汽车制造商为了充分发挥车辆各结构单元的作用，提高车辆传动效率，以及节能环保的要求，变速箱用润滑油的性能要求也越来越高。

手动变速箱油的主要作用有6项：降低齿轮啮合时的齿间磨损与齿面摩擦；保护同步器，提供良好的摩擦特性；分散热量，起冷却作用；防止齿轮腐蚀和生锈；减少齿轮传动过程中的噪声、振动和冲击；冲洗污染物，以免造成磨粒磨损。

表1 手动变速箱及用油发展趋势

手动变速箱发展趋势	对润滑油的相应要求
更多齿数比	减少搅拌损失
更高燃油经济性	适宜的流变性
多样化的同步器材料	复杂的摩擦改进剂系统
零部件重量减轻	更高的承载能力
延长换油期	更好的剪切安定性和热氧化安定性
减少停机/质保期内索赔	更好的齿轮和轴承耐久性

多年来，乘用车手动变速箱油没有统一规范，普遍使用API GL-4油，在实际使用过程中，变速箱中出现了油泥、漆膜及沉积物，导致密封泄漏和同步器润滑失效，需要改进其同步性能、热氧化安定性、与密封材料的适应性、剪切安定性等。

中国石油根据客户和市场需求，开发了昆仑MTF10乘用车手动变速箱油，满足现代手动变速箱的性能要求，而且能够提供长的使用寿命，减少客户维护成本，为客户创造更多价值。

图2 昆仑乘用车手动变速箱油MTF10

第二课 商用车手动变速箱油

国内商用车仍大量使用手动变速器，其市场份额仍在90%以上。商用车手动变速箱未来朝大扭矩化、多档位平台化、大传动比/小挡间级差化、小型化/轻量化以及同步器改进和新材料应用等方向发展，要求油品承载能力提高、低黏化、优异的同步性能、抗氧化性能、抗微点蚀性能以及与材料的适应性和延长换油期等。

近年来变速箱制造厂越来越重视润滑油对变速箱的保护、寿命的延长、驾驶舒适度的提高，所以专用的商用车手动变速箱油的市场将会逐步增大。目前商用车手动变速箱存在的主要问题有：76%的手动变速箱使用和后桥相同的API GL-5润滑油，而不是手动变速箱专用润滑油；40%的手动变速箱失效与同步器失效有关，原因在于GL-5润滑油摩擦稳定性差，无法通过同步性能试验；38%的手动变速箱失效与密封件失效有关；变速箱和驱动桥损坏的主要原因是磨损严重。

图1 美国专利证书

昆仑MTF18长寿命手动变速箱油采用完全自主知识产权配方技术，获得国家技术发明奖，核心技术获中国及美国国家专利，具有卓越的高温稳定性，防止油泥、漆膜和积碳生成，能够显著延长变速箱保养期，节约保养成本，提高车辆出勤率。

部分应用实例如下：通过了一汽、东风和中国重汽的长寿命车辆齿轮油行车试验；获得綦江齿轮传动有限公司应用证明；2010年3月作为上海世博会园区交通车载客示范运行。

图2 昆仑MTF18长寿命手动变速箱油

第三课 | 重负荷车辆齿轮油

汽车驱动桥处于传动系统的末端，主要由减速器、差速器、半轴和驱动桥壳组成，其基本功能是通过主减速器齿轮增大由传动轴或变速器传来的扭矩，改变转矩的方向，并将动力合理地分配给左驱动轮和右驱动轮；同时通过实现两侧车轮差速运动，保证汽车在转向过程中内侧车轮和外侧车轮的协调一致。驱动桥里面主减速器、万向传动轴等都放置在桥包里由驱动桥油润滑，所使用的润滑油即为重负荷车辆齿轮油。

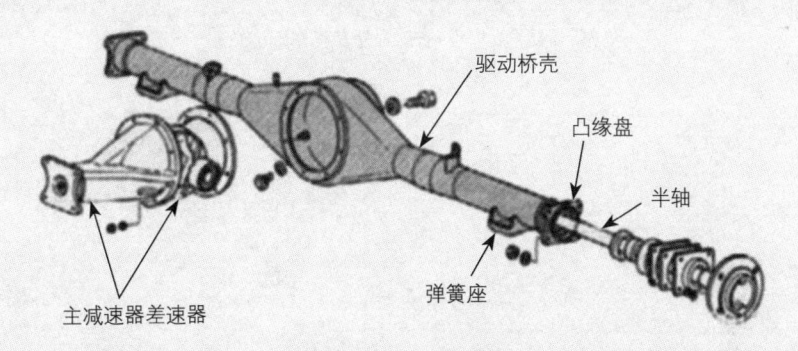

图1 驱动桥结构图

随着汽车工业的发展，汽车载荷的增加使得驱动桥齿轮传动的功率增加，而驱动桥齿轮的几何尺寸并没有太大变化，导致齿面压力增加，温度升高。特别是汽车车体设计不断改进，使空气动力学性能更趋合理。车辆行驶时空气阻力减小，流过驱动桥外表面的空气流量减少，散热性变差，摩擦热难以散发，使用条件苛刻，因此重负荷车辆齿轮油在GL-5的基础上将会进一步提高热氧化安定性能和抗腐蚀性能，同时也会逐渐向低黏度、高性能和节能型方向发展。

昆仑GL-5+长寿命重负荷车辆齿轮油适用于各类重载及超重载卡车的驱动桥润滑，具有以下优势：采用完全自主知识产权配方技术，获得国家技术发明奖，核心技术获中国及美国国家专利；联合国内汽车制造商共同开发，更贴合中国重型汽车和路况的润滑需求；新增密封材料保护、极压抗磨和OEM后桥试验三大强化试验，为车桥系统提供更强保护;多功能长效清洁抗磨，有效降低齿面损伤和车桥系统油泥或漆膜污染，对车桥系统进行长效保护；涵盖主流商用车型，12×10^4km油期行车试验验证，保证可靠运行。

图2　昆仑GL-5+长寿命重负荷车辆齿轮油

第四课　电动车传动系统用油要求

根据《节能与新能源汽车产业发展规划（2015—2020年）》（国发〔2012〕22号），到2020年纯电动汽车和插电式混合动力汽车生产能力达200万辆/年，累计产销量超过500万辆，燃料电池汽车、车用氢能源产业与国际同步发展；当年生产的乘用车平均燃料消耗量降至5.0L/100km，节能型乘用车燃料消耗量降至4.5L/100km以下，商用车新车燃料消耗量接近国际先进水平，电动汽车已经成为全球汽车产业发展的趋势。

相对于传统的传动系统，电动车传动系统增加了电动机用来发电或者进行能量回收，起到了节能、环保的作用。无论从市场角度还是技术角度，混合动力系统的电动机与变速器耦合是未来发展的重要技术形式，当前主要有丰田THS系统、Ford的FHS系统、Volt的增程式电动车以及上汽的EDU系统等，在这种电驱一体化变速箱中电动机与齿轮变速器机械部分共用一套润滑系统，实现了润滑冷却一体化。

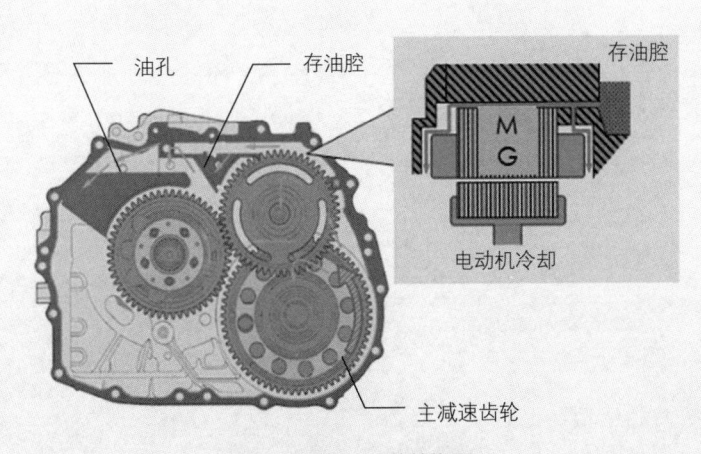

图1　机电耦合系统结构图

电动机是电驱变速箱的重要结构组成，润滑油需要对电动机进行良好的润滑和保护：电动机运行时产生大量热量，润滑油需要尽快带走热量，起到对电动机的冷却作用；电动机旋转部件（如轴承等）同样需要进行润滑；电动机工作时浸泡于油中，润滑油不能对电动机漆包线造成溶解和腐蚀；防止电动机在长时间工作出现漏电、短路现象。

　　同时电驱变速箱润滑油还需要为齿轮、轴承以及其他零部件提供润滑保护；为系统提供散热；具备良好的热氧化安定性和高温清净性，延长油品的使用寿命、保持系统的清洁。

　　节能减排是汽车工业所面临的挑战，电动汽车是未来汽车产业的发展方向，卓越的润滑油产品不仅可以减少摩擦磨损，保护变速箱，还可以有效降低燃油消耗，减少排放，从而提高整车的燃油经济性。

第五课　长寿命车辆齿轮油及其价值

随着商用车技术的发展，其传动部位的润滑条件较过去更为苛刻，汽车变速箱工作温度达90~120℃，推动了OEM对高性能车辆齿轮油的需求。而油品长寿命化则是高性能车辆齿轮油发展趋势的关键技术之一，被很多汽车OEM制造商列为一个新的卖点。

目前国外商用车车辆齿轮油的换油里程已从10×10^4km发展到50×10^4km的水平，北美地区甚至达到了80×10^4km的换油里程。长寿命车辆齿轮油相对于传统车辆齿轮油具有以下优点：

（1）延长换油周期。相对普通车辆齿轮油（3~7）$\times 10^4$km换油里程，昆仑长寿命齿轮油可做到（20~50）$\times 10^4$km不换油；昆仑长寿命车辆齿轮油已形成系列产品，主要包括20×10^4km不换油的手动变速箱油T20、驱动桥油A20、桥箱通用油TA20，黏度级别包括80W/90及85W/90；50×10^4km不换油的手动变速箱油T50、驱动桥油A50，黏度级别75W/90，已在中国一汽、东风汽车、北汽福田进行实车道路考核实验，能够为车辆提供上述润滑保护，为客户节约成本；另一方面也减少了废油排放，有利于资源节约和环保。

（2）延长设备使用寿命。鉴于近年齿轮加工工艺的进步而出现的一种新型疲劳损伤现象——微点蚀，以及齿轮箱工作温度升高、合金部件在变速箱中的广泛使用，增加了油品抗微点蚀、清净性、防腐性的要求，从而延长设备使用寿命。

（3）降低运营成本。T20变速箱油，也就是20×10^4km不换油产品较5×10^4km换油的变速箱油可降低保养费用约60%；A20驱动桥油，也就是20×10^4km不换油产品较3×10^4km换油的驱动桥产品可降低保养费用约68%。

图1　商用车示意图　　　　图2　商用车齿轮箱示意图

第六课　汽车自动传动液及选用

图1　自动变速箱AT示意图

汽车自动变速箱是影响汽车动力性、燃油经济性和乘坐舒适性的重要结构之一。自动传动液是用于汽车自动变速箱的多功能润滑油，其主要作用是传递扭矩和保护变速箱内零部件，以实现车辆液力传动并完成换挡操纵。此外自动传动液具有润滑、冷却、清洁和密封的作用。汽车自动传动液根据变速箱类型的不同主要分为自动变速箱油ATF、双离合器变速箱油DCTF以及无级变速箱油CVTF。

由于汽车自动传动液规格比较复杂，目前尚无统一的国际标准，多以OEM规格为主。中国石油润滑油公司根据客户和市场需求，分别开发了满足Dexron ⅢH规格要求的主流产品KR-A3，适用于4AT、5AT等较老车型；满足Dexron Ⅵ规格要求的高端产品KR-A6，适用于通用车系6速自动挡车型；售后产品根据黏度变化及小品种规格对低温的苛刻要求，针对市场设计ATF T3（高黏）、ATF T6（低黏）、ATF S T4（低温性能更好的高黏产品）和ATF S T6（低温性能更好的低黏产品），同时满足欧美日韩中覆盖范围中的全部车型需求，满足带式和链式CVT要求的CVTF T6产品以及双离合器变速箱油DCTF-7S，完善的产品线为客户带来更多选择。

表1　汽车自动传动液产品线

产品类别		产品牌号	油品适用范围
自动变速箱油ATF	主流产品	KR-A3	满足Dexron ⅢH规格要求，适用于4速以下自动变速箱及动力转向系统
	高端产品	KR-A6	取得Dexron Ⅵ认证
	主流产品	KR-ATF T3	满足JASO 1A要求，适用于5速以下自动变速箱
	高端产品	ATF T6	同时满足欧美日韩中覆盖范围中的全部车型的需求
双离合器变速箱油DCTF		DCTF-7S	市场双离合器变速箱
无级变速箱油CVTF		CVTF T6	市场带式和链式CVT

第七课　自动变速箱油ATF

自动变速箱AT主要由液力变矩器、行星齿轮变速器和液压控制系统、电子控制系统、润滑油冷却过滤等组成，通过液力传递和齿轮组合的方式实现变矩变扭。由于工作状况和技术要求差异很大，自动变速器油ATF既是液力变矩器的传动油，又是行星齿轮结构的润滑油和换挡装置的液压油，还要满足湿式离合器、轴承工作要求。因此，自动变速箱油ATF对油品的性能要求主要有：适宜的黏度保证齿轮间流体润滑；较好的摩擦特性保证离合器传扭的平稳；良好的低温性能保证离合器冷启动；优秀的氧化性能防止油泥生成，影响离合器传递扭矩以及优异的抗磨性防止齿轮点蚀。

图1　自动变速箱AT结构图

自动变速箱油ATF的发展趋势为节能环保和传递效率的提升，而它主要体现在延长换油期、提高传动效率、动态摩擦性能的耐久性等方面，这些性能的提高则对ATF摩擦特性提出更加苛刻的要求。

昆仑润滑油具有多种ATF产品，以满足市场客户的需求。

昆仑自动变速箱油KR-A3通过了DexronIIIH规格要求的各项台架测试，在乘用车中有达到8×10^4km的行车试验，在商用车中有达到6×10^4km的行车试验，在工程机械中有达到1500小时的行驶使用试验，在动力转向器中有超过30×10^4km的使用试验，同时在宇通客车等行业内有影响力的客户中有良好的应用案例。

昆仑KR-A6具有DexronVI认证，适用于通用车系6速自动挡车型。

通用型ATF可同时满足欧美系和日韩系全部车型的售后用油需求。

图2　自动传动液润滑齿轮图

第八课　无级变速箱油CVTF

汽车无级变速箱CVT是指在输入轴转速不变的情况下，其输出轴转速可以在一定范围内连续变化的变速箱。CVT有金属带式、链式、锥环式等形式，其中金属带式CVT具有燃油经济性好、排放少、可在最佳转速范围内实现传动比匹配、结构简单以及零部件少等优点，在汽车行业得到了广泛应用。它由起步离合器、行星齿轮结构、无级变速结构、控制系统和中间减速结构构成。

图1　无极自动变速箱锥带图

由于CVT的钢带和盘之间需要合适的摩擦力，因此油品应具备合适的摩擦特性以及更苛刻的抗剪切稳定性和抗磨性。CVTF与ATF既有相同之处也有不同。

表1　带式CVTF与ATF性能比较

项目	ATF	CVTF
钢对钢的摩擦	—	☆☆☆
抗磨损性	☆	☆☆☆
纸对钢的摩擦	☆☆☆	☆
剪切安定性	☆☆☆	☆☆☆
氧化安定性	☆☆☆	☆☆☆

无极变速箱也具有变矩器组成的湿式摩擦片系统，因此需要CVTF具备优异的摩擦抗颤性能，同时CVTF在钢带和锥盘系统中工作，要求保护系统减少钢钢的磨损并维持稳定的摩擦性能，摩擦系数越大意味着承载的能力越大，磨损越小耐久性越好。

中国石油润滑油公司具有可以满足带式和链式CVT要求的售后服务用油CVTF T6，可以满足市场上各种无级变速箱工作需求，产品具有优异的剪切稳定性、出色的金属腐蚀保护，良好的抗泡特性和氧化安定性，出色的摩擦特性以及优异的钢对钢摩擦特性。

第九课 | 双离合器变速箱油DCTF的发展及应用

自1940年第一个双离合器变速箱DCT诞生，保时捷、大众、奥迪等公司相继推出装配有DCT的车型，2007年以后DCT在中国市场也得到快速发展，中国一汽集团、上海汽车集团、江淮汽车有限公司、重庆青山变速箱厂等纷纷推出自己的DCT。由于DCT技术可减少二氧化碳排放，节省燃油，同时具有较高的燃油效率、较好的操作舒适性和便捷性，近年来装配率不断上升，预计到2020年DCT在中国的市场占有率将提高至14%。

图1 双离合器变速箱示意图

DCT分干式和湿式两种，作为一种新型的变速箱，内含两台自动控制的离合器，由电子控制及液压推动，能同时控制两台离合器的运作，因此不会出现动力中断情况。相比于传统的自动变速箱油ATF，双离合器变速器油DCTF既要有手动变速箱油MTF对齿轮和同步器磨损、点蚀保护的性能，又要有自动变速箱油ATF良好的摩擦和抗氧化性能。因此DCTF要求有优秀的湿式离合器摩擦性能、优秀的抗抖动耐久性能、良好的热氧化稳定性能、良好的抗磨性能、优秀的轴承性能、良好的抗腐蚀性能以及优秀的密封材料相容性。

DCTF和ATF发展类似，没有统一的标准，大多以OEM规格为主。BP石油与德国格特拉克GETRAG、美国福特发动机制造公司共同开发了BOT 341DCT专用油，德国的Pentosin公司在DCTF的生产应用中较为领先，并针对不同的双离合变速箱生产了不同系列的DCTF。中国石油润滑油公司历时四年为长安汽车开发双离合器变速箱开发出专用油DCTF-7，换油里程大于23×10^4km，通过重庆青山变速箱公司双离合器整箱试验和帕斯卡道路试验，同时通过博格华纳高能启动试验，取得博格华纳认证。2018年，中国石油润滑油公司又与上海汽车合作，研制了双离合器变速箱油DCTF-7S，同样取得博格华纳认证，适用于市场各类型双离合器变速箱。

图2 昆仑双离合器变速箱润滑油博格华纳认证信

第十课 汽车动力转向液

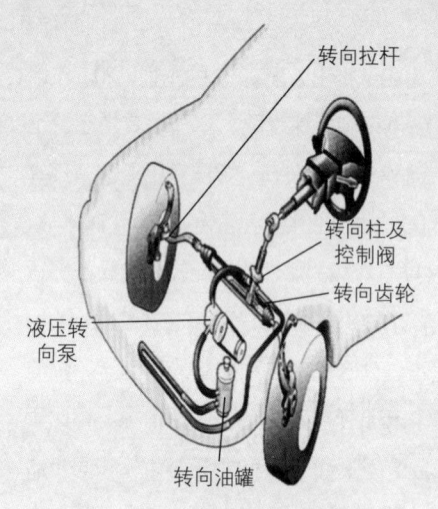

图1 汽车转向系统结构示意图

动力转向系统是利用发动机的动力帮助驾驶员进行转向操纵的装置，一般由方向盘、转向轴、转向器、转向摇臂等组成，将发动机的能量转换成液压能、电能或气压能，随后转换成机械能而作用在转向轮上帮助驾驶员进行转向。随着汽车工业快速发展，技术水平不断提升，纯粹的机械转向系统基本被弃用，动力转向系统几乎成为标准配置，而且技术成熟可靠，成本低廉。目前，汽车动力转向系统主要包括液压（气压）动力转向系统、电控液压动力转向系统和电动助力转向系统。

动力转向液作为汽车动力转向泵里的特殊液体，是整个动力转向系统的流动部件，起着传递转向力和缓冲的作用，与自动变速箱油、制动油性能类似，需要适宜的黏度、优异的低温性能、优秀的热氧化稳定性、较强的密封及胶管兼容性等，其品质与驾驶操控灵敏平顺性、舒适性和汽车安全性密切相关。昆仑PSF-6D动力转向液是中国石油润滑油公司与国内商用车OEM合作开发的一款超低温性动力，在ATFⅢ的性能上升级，可满足-35℃环境下冷启动需求。

OEM多数采用ATFⅢ作为动力转向液，其良好的低温性能、优秀的抗氧化性能和良好的密封材料兼容性，能够为转向系统在多种环境下提供优质的保护。昆仑自动变速箱油KR-A3满足DexronⅢH规格，有超过30×10^4km的使用试验，在宇通客车和江淮汽车等OEM有良好应用。

图2 昆仑自动传动液KR-A3

记录。

国内商用车动力转向系统故障率一直偏高，与各大厂商和用户选用动力转向液不当有很大关系，我国还没有商用车动力转向液的统一标准，汽车厂商多用液力传动油、液压油或者多级发动机润滑油代替，在实际使用过程中会出现转向沉重、温度太高或者噪声大等问题，存在潜在的安全风险。

昆仑PSF11动力转向液是中国石油润滑油公司联合著名汽车生产商，针对商用车转向系统的构造特点和国内商用车的实际工况联合开发的一款专用润滑油，具有优异的低温性能、温升特性、抗磨损性能和热氧化安定性，经过OEM台架及行车试验验证，满足商用车动力转向系统的润滑需求，可以实现四季通用，提升驾驶体验，并可将换油期从2×10^4km延长到6×10^4km以上，降低维修保养成本。

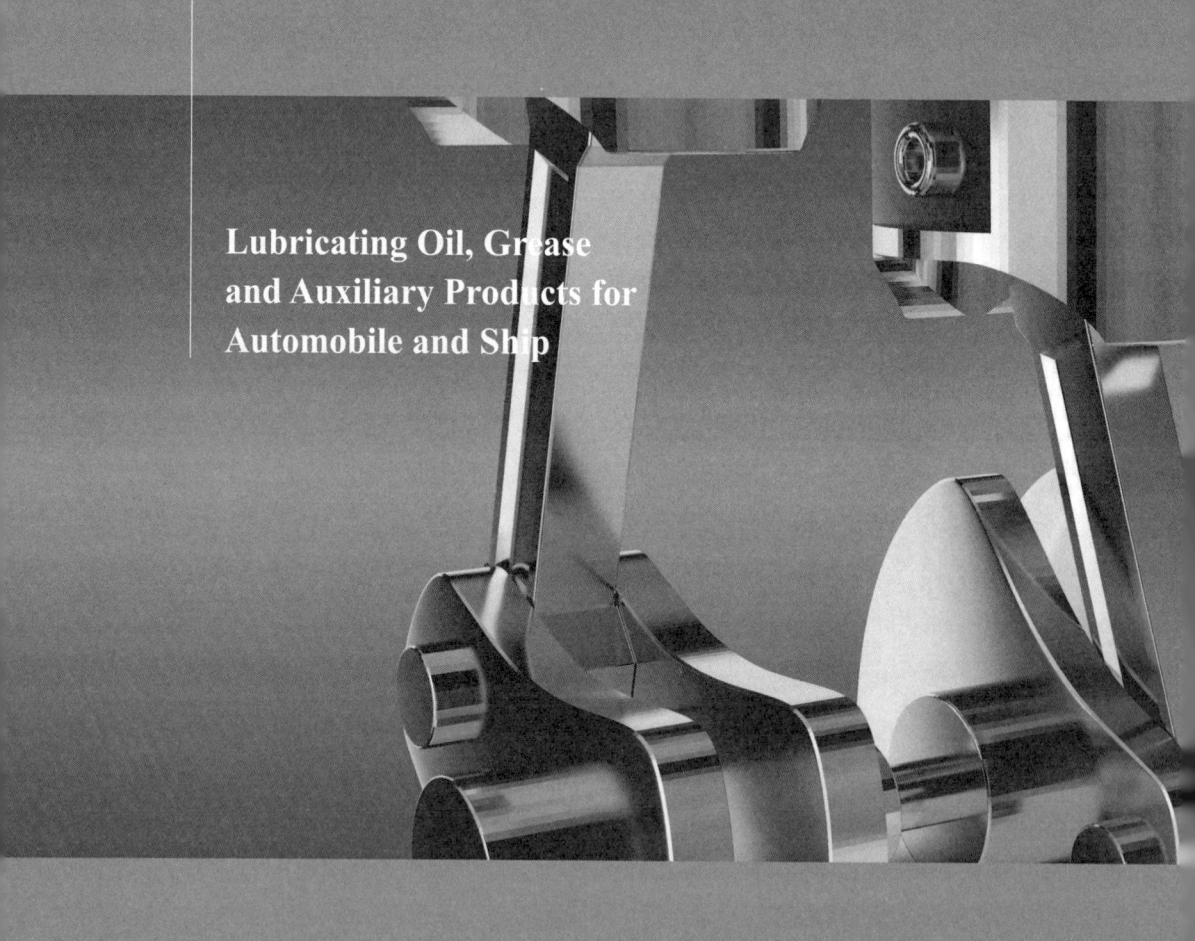

Lubricating Oil, Grease and Auxiliary Products for Automobile and Ship

第六章 车用汽油及其使用相关问题

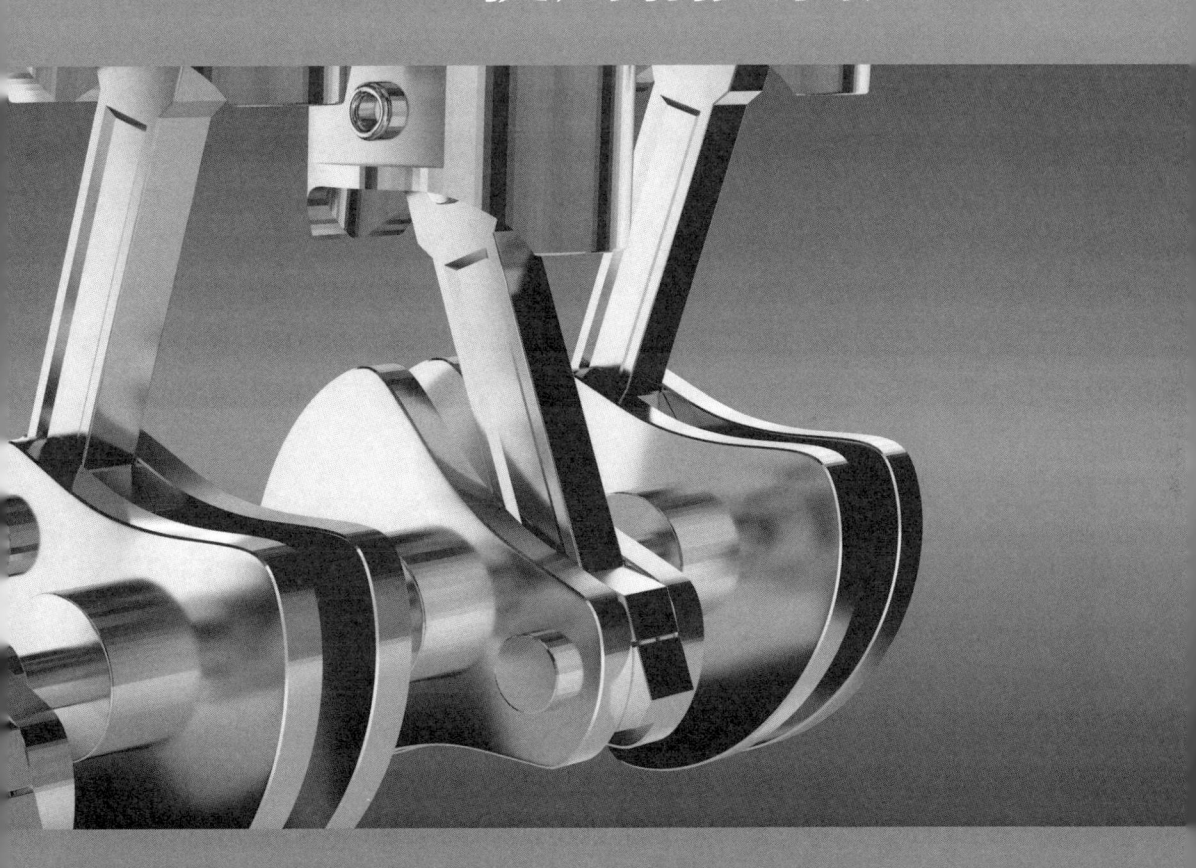

Chapter 6

作为一种点燃式发动机燃料，现代车用汽油是由原油经过加工后形成的多种组分调和，并加入必要的添加剂得到的特定混合物，主要供汽车、摩托车使用。国内销售的主要是满足国V排放标准的车用汽油，部分地区销售的更是满足国家第六阶段排放标准的产品，车用汽油一般以其抗爆性能分为89号、92号、95号和98号，其中98号仅在部分地区销售。

2017年，全国车用汽油的消费量约为1.22×10^8t，同比上涨2.03%。这与国内2017年乘用车销售量超过2393万辆有着密切的关系。但是，随着车辆的大量使用，大中城市交通拥堵日趋严重，汽车尾气排放已经成为城市空气污染的主要污染源之一。因此，提升车用汽油的清净性已经成为各方关注的焦点。车用汽油的清净性与其理化性质和含有的添加剂密切相关。

本章共分10课，分别从车用汽油的标准、车用汽油的具体指标、汽油清净性评价试验方法、超级汽油及节油效果等几个方面，简明、系统地阐明了车用汽油及其使用的添加剂的基础知识，帮助销售人员和车辆用户认识车用汽油的特点，了解汽油清净剂等添加剂功能和使用效果。

第一课　车用汽油标准及发展趋势

我国在提高汽油质量标准上是跳跃式前进的，从1999年首次颁布了GB 17930—1999《车用无铅汽油》开始，到2016年已经颁布了国Ⅵ阶段汽油标准GB 17930—2016，汽油质量的升级主要是控制硫含量、烯烃含量、芳烃含量、锰含量、蒸气压等几个方面，汽油牌号从国Ⅴ阶段开始，由90号、93号和97号修改为89号、92号和95号。并且在标准附录中还提出了98号汽油的指标要求，规定企业有条件生产和销售98号车用汽油时，必须符合附录中的指标要求。

清洁汽油未来的发展方向是低硫或者无硫、更低的烯烃和芳烃含量，更好的清净性能，同时随着汽油中硫含量、烯烃、芳烃含量的降低以及直喷发动机的发展，对汽油润滑性也会提出一定要求。

表1　车用汽油标准关键限值变化

项目		国Ⅲ			国Ⅳ			国Ⅴ			国Ⅵ		
汽油牌号		90	93	97	90	93	97	89	92	95	89	92	95
硫含量，mg/kg		≤150			≤50			≤10			≤10		
蒸气压，kPa	11月1日—4月30日	≤88			42~85			45~85			45~85		
	5月1日—10月31日	≤72			40~68			40~65			40~65		
烯烃含量，%		≤30			≤28			≤24			≤18（ⅥA）；≤15（ⅥB）		
芳烃含量，%（体积分数）		≤40			≤40			≤40			≤35		
密度（20℃）kg/m³		—			—			720~775			720~775		
锰含量，g/L		≤0.016			≤0.008			≤0.002			≤0.002		
苯含量%（体积分数）		≤1.0			≤1.0			≤1.0			≤0.8		

第二课 | 汽油辛烷值

2016年6月1日，我国车用汽油标准升级到国V，同时汽油的牌号也由之前的93号和97号，改为92号和95号。汽油牌号的科学称呼是"辛烷值"，也就是汽油的抗爆性，牌号越高的汽油，其抗爆性越好；反之，牌号低的汽油，其抗爆性要差一些。

一款汽车需要使用哪个牌号的汽油，主要由该车所装备的发动机压缩比决定，对于既定排量的发动机，一种增加其马力的方法就是提高其压缩比。压缩比高的优势在于，它能提高发动机的额定功率，因此发动机会达到"高性能"。那么发动机的压缩比和燃油牌号之间究竟有什么关系呢？通常情况下，高牌号的汽油抗爆性好，适用于高压缩比的发动机，低牌号的汽油适用于低压缩比的发动机。辛烷值越高，汽油爆燃的温度越高，换句话说就是越不容易爆燃。

图1 汽油牌号如何选择

辛烷值的测定是在专门设计的可变压缩比的单缸试验机中进行。标准燃料由异辛烷和正庚烷的混合物组成。异辛烷用作抗爆性优良的标准，辛烷值定为100；正庚烷用作抗爆性低劣的标准，辛烷值为0。将这两种烃按不同体积比例混合，可配制成辛烷值由0到100的标准燃料。混合物中异辛烷的体积分数越高，其抗爆性能也越好。在辛烷值试验机中测定试样的辛烷值时，提高压缩比至出现标准爆燃强度为止，然后保持压缩比不变，选择某一成分的标准燃料在同一试验条件下进行测定，使发动机产生同样强度的爆燃。如果所取标准燃料恰好是由92%异辛烷和8%正庚烷组成的，则可评定出此试油的辛烷值等于92。

我国测定汽油辛烷值的试验方法标准为GB/T 503和GB/T 5487，使用同一台设备，但运行条件不同。其中GB/T 503测定条件较苛刻，它反映汽车在高速、重负荷条件下行驶的汽油抗爆性，得到的结果称为马达法辛烷值。GB/T 5487测定条件缓和，反映汽车在市区低速行驶时的汽油抗爆性，得到的结果称为研究法辛烷值。对于同一种汽油，其研究法辛烷值一般会比马达法辛烷值高0~15个单位，两者之间差值称敏感性或敏感度，两者的平均值称为汽油的抗爆指数。目前我国汽油的牌号是以研究法辛烷值的结果来划分。

第三课　汽油的馏程

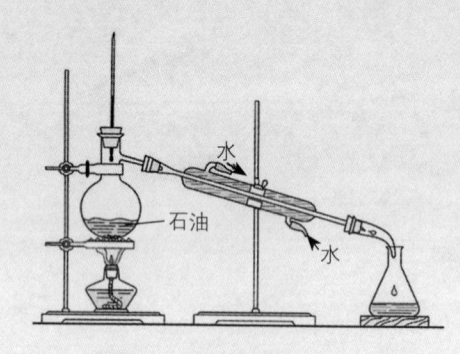

图1　汽油馏程测定示意图

汽油是由多种烃类及少量烃类衍生物组成的复杂混合物，与纯化合物不同，它没有一个确定的沸点，其沸点表现为一很宽的范围，通常以该产品的沸点范围或馏程表示。其馏程用恩氏蒸馏方法来测定，相应的检测标准方法为国家标准GB/T 6896。

所谓恩氏蒸馏是在规定条件下，对油品进行加热，由于相对分子质量小的轻组分沸点低，首先汽化出来，因此可以用蒸馏所得到的气相的温度来表示当前汽化出来的烃类的大致沸点，当油品在恩氏蒸馏设备中按规定条件加热时，流出第一滴冷凝液时的气相温度称为初馏点。蒸馏过程中，烃类分子按沸点高低顺序逐渐蒸出，气相温度也逐渐升高，馏出物体积为10%、30%、50%、70%、90%时的气相温度分别为10%、30%、50%、70%、90%馏出温度，蒸馏到最后所能达到的最高气相温度称为终馏点或干点。初馏点到干点这一温度范围称为馏程。馏程测定的实质是将一定体积或重量的油品加热蒸馏，测出各馏出量的相应温度，或相当于一定馏出温度的馏出量。

车用汽油馏程可以反映其在使用时启动、加速和燃烧的性能。初馏点和10%馏出温度过高，冷车不易启动；过低又易产生气阻现象（夏季在发动机温度较高的油管中的汽油，蒸发形成气泡，堵塞油路，中断给油）。汽油的50%馏出温度是表示其平均蒸发性，影响发动机的加速性，50%馏出温度低，其蒸发性和发动机的加速性就好，工作也较平稳。汽油的90%馏出温度和干点表示汽油中不完全蒸发和不能完全燃烧的重质馏分的含量。这两个温度低，表示其中不能完全蒸发的重质组分少，能够完全燃烧；反之，则表示重质组分多，汽油不能完全蒸发和燃烧，这样就会增加汽油消耗量，甚至稀释润滑油，增加机件磨损。

馏程是对燃料油挥发性的要求，它主要取决于发动机的设计、转数、负荷和环境温度等因素。重组分经济性好，但会引起发动机内部积炭增加，磨损增加及尾气排放，轻组分使发动机在各种运转条件下燃烧完全且容易启动。

第四课 车用汽油的实际胶质

2010—2012年，海南、贵州、云南、广西等地相继出现多辆汽车集体"抱病"，而病症几乎一样：怠速抖动、加油熄火、甚至是发动机故障。多家4S店和车主众口一词，把"病因"指向油品质量，认为造成该问题的最主要原因是油品的实际胶质含量过高。

实际胶质是什么？也许消费者对此并不十分了解，但是实际胶质超标所造成的后果，却是大多数

图1 形成胶质的进气阀

驾驶员都清楚的：汽油中的实际胶质过多会阻塞供油系统，造成供油不畅或供油中断。

实际胶质是评定汽油安定性，反映汽油在发动机中生成胶质的倾向，也可作为判断汽油能否使用和能否继续储存的重要指标。我国测定汽油中实际胶质含量的试验方法标准为GB/T 8019。国家标准规定，每100mL汽油溶剂洗胶质不得大于5mg。为什么会有实际胶质这个概念呢？因为不管是92号、95号汽油，里面都含有烯烃，在常温下少量的不稳定烯烃会发生氧化、聚合等反应而结胶，而结胶在高温下会炭化，形成积炭。

当汽车加入的汽油实际胶质过高时，会在油路尤其是进气阀上形成结胶，腐蚀油路。而不均匀的油路结胶（油管变细，喷油嘴堵塞导致雾化不良），导致燃烧室的供油量下降，破坏正常的空燃比（空燃比是发动机设计的时候的一个很重要的技术参数），这样就会造成火花塞点燃汽油之前汽油自燃对外做功（也就是爆震），损伤发动机，影响使用寿命。

燃烧室里的胶质在高温下形成积炭，使燃烧室空间变小，破坏了空燃比，发动机工作时会产生非正常燃烧、爆震、缸套活塞环的异常磨损等情况，从而损坏发动机，严重时冷热车均发动机异响，动力严重不足，甚至发动机无法启动。

图2 形成积炭的燃烧室

第五课　汽油饱和蒸气压

图1　气阻导致发动机运转不良

在炎热的夏天，很多车主都有这样的经历，车辆在经过长时间的高温暴晒以后，第一次点火会出现打火无力的情况，勉强打着火也会出现怠速不稳的情况，有时甚至需要2次打火，发动机运转一段时间后，车辆才恢复正常。发生这种情况的直接原因是汽车经长时间高温暴晒后，油管中的汽油蒸发量过大，液态的汽油变成了气态。由于相同体积的气态油气浓度比液态要稀得多，同时供油系统中的气体会产生"气阻"，使燃料不能及时输送到供油系统，造成供油不畅。从油品性质的角度来讲，这可能与汽油的饱和蒸气压有关。

饱和蒸气压是指在一定温度下，气液两相达到平衡时的蒸气，所显示的最大压力，用kPa表示。在38℃汽油与其蒸气的体积比为1∶4时测得的汽油最大蒸气压力，称作汽油的雷德饱和蒸气压，简称汽油的饱和蒸气压，缩写为RVP。

饱和蒸气对发动机的气化性能、低温启动加速性、汽油供给系产生气阻的倾向、储存时的蒸发损耗、汽油蒸气的排放等有直接影响。汽油的饱和蒸气压越大，其蒸发性能越好，使发动机低温时越容易启动，但在高温条件下使用时汽油供给易产生气阻，储存使用中蒸发损失大，碳氢化合物排放量大。

汽油的饱和蒸气压与气温和大气压有关，气温高、海拔高，汽油饱和蒸气压也随之增大。在国家标准中规定汽油饱和蒸气压春夏季为40～68kPa，秋冬季为42～85kPa，测定汽油饱和蒸气压的试验方法标准为GB/T 8017，在技术要求方面与ASTM D323、ISO 3007等国际标准一致。

第六课 车用汽油的胶质及其控制

胶质是评价汽油安定性的重要指标之一。车用汽油的胶质的含量根据GB/T 8019—2008《燃料胶质含量的测定 喷射蒸发法》测定,主要分为溶剂洗胶质含量和未洗胶质含量。其中,未洗胶质含量是指车用汽油在规定的试验条件下,经蒸发后未经进一步处理的蒸发残渣量;溶剂洗胶质含量是指车用汽油的蒸发残渣经过正庚烷洗涤,除去洗涤液后的残渣量。未洗胶质实际上包括溶剂洗胶质及不挥发的油品和添加剂组分。

在GB 17930—2016《车用汽油》国家标准中规定,车用汽油的溶剂洗胶质含量应不大于5mg/100mL,未洗胶质含量(加入清净剂前)应不大于30mg/100mL。实践表明,当车用汽油的有害胶质含量过高时,会导致汽车的进气系统产生沉积物,甚至造成发动机进气阀发生黏结。在大多数情况下,可以认为胶质含量低能够确保进气系统的安全。由于许多车用汽油中人为掺进了非挥发性的油品和添加剂,所以用正庚烷将蒸发残渣中非挥发性的油品和添加剂抽提出来是非常必要的,以便测得有害的胶质物质。溶剂洗胶质含量的高低能够在一定程度上直接反映车用汽油中有害组分的多少。

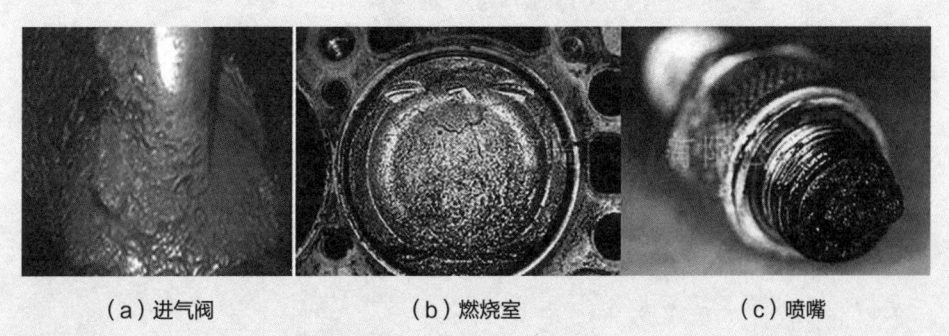

(a)进气阀　　　　　　(b)燃烧室　　　　　　(c)喷嘴
图1　汽油胶质带来的影响

在一些品牌汽油中,为了提升车用汽油自身的清洁度,都添加了能够减少车辆油路系统积炭与沉积物的生成、清除已有沉积物的汽油清净剂类物质。这些清净剂大部分是大分子胺类聚合物,虽然可以用正庚烷淋洗出来而不影响洗后胶质含量,但对未清洗胶质测定有较大影响。为了避免在市场监测中出现未洗胶质高的问题,首先车用汽油应避免重复加入清净剂;其次在调制加剂优质汽油时要选择空白胶质很低的清洁组分,切忌使用来路不明的组分。

第七课　超级汽油CN98

伴随着4月22日"世界地球日",中国石油就用清洁油品,为地球宝宝献上一份绿色爱心,为其起了个爆炸性名字"CN98超级汽油"。之所以称为"超级汽油",是因为其性能优于国家汽油标准GB 17930中98号车用汽油的技术要求,添加了昆仑之星燃油清净剂,动力性、清洁性、经济性和排放性更好。

(1)更强劲。CN98超级汽油辛烷值更高,更适用于高压缩比发动机,可提升发动机功率,且具有较强抗爆性、高燃烧值,汽油燃烧更为充分,动力更强劲、提速快、更平稳、噪声低。

燃料喷嘴生垢试验(PFI, GB/T 19230.3)

(a)未加剂　　(b)加剂

清除燃油喷嘴沉积物,改善汽油雾化状态

↓

有助于提高车辆燃油效率,降低尾气排放

图1　喷嘴沉积物对油品雾化效果的影响

(2)更清洁。CN98超级汽油添加了昆仑之星燃油清净剂,可大幅减少进气阀沉积物与燃烧室沉积物生成,降低汽油喷嘴堵塞率,具有防锈、抗腐和清净功能,能延长发动机使用寿命、降低燃油消耗、减少污染物排放,更加清洁高效。相当于加注的汽油中自带了"燃油宝",不再需要其他添加剂。

防锈试验(GB/T 19230.1)

空白汽油　　　　空白汽油+剂
锈蚀严重　　　　整体光洁

图2　油品防锈性

（3）更经济。CN98超级汽油可以最大程度上发挥发动机设计功率，从而减少车辆磨损，延长发动机使用寿命，节省油耗，降低车辆维护成本。在提升动力的同时，与其他品牌相比百公里油耗可降低2.5%~3%，最大程度为用户节省汽油使用成本。

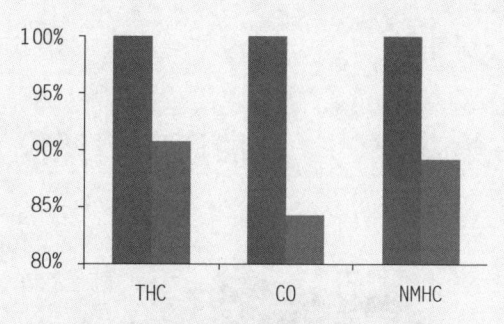

图3　CN 98超级汽油对排放性能的改善
（襄阳国家汽车质量监督检测中心测试数据）

（4）更环保。加入清净剂的CN98超级汽油含硫量低，锰及铅含量为零，燃烧值高，可有效降低车辆尾气中的碳氢化合物、一氧化碳、氮氧化合物、非甲烷烃等污染物总体排放，减少光化学烟雾产生，降低空气污染。据襄阳国家汽车质量监督检测中心测试显示，添加清净剂后，可大幅降低在用汽油车碳氢化合物、一氧化碳及氮氧化合物排放，有利于改善雾霾。

很多新型发动机带"T"标识，压缩比在9.5以上的车辆，使用高牌号汽油更能够充分发挥发动机设计功率；经济型家用轿车也都可以使用。

压缩比8.0~8.5　　压缩比8.5~9.5　　压缩比9.5以上
92　95　　95　95以上　　97　98

图4　发动机压缩比与汽油标号关系

中国石油已从北京、河北、福建、陕西、宁夏、西藏、山东等省份开始，逐步在全国推广CN98超级汽油，登陆福建后汽油日均零售量平均增长了10t/d，实用又清洁，对于使用一段时间的汽车效果尤为明显。

第八课　汽油清净性评价方法

图1　汽油清净性模拟评价试验

随着汽车排放标准和排放控制技术的日益提高，汽车工业对燃油品质提出了更高的要求，人们日益重视车用汽油清净性对汽车性能及汽车排放的影响，燃用清洁汽油可有效控制汽油发动机的排放。许多国家已根据本国汽车行业和石化行业的特点制定了严格的清洁汽油标准。

汽油清净性主要是指其能有效抑制燃料系统沉积物的生成，又能将已生成的沉积物迅速分散、清除，进而确保发动机正常运转，使燃料的燃烧条件得到改善的能力。

汽油中的烯烃是汽油中的高辛烷值组分，但是它们属于热不稳定物质，在喷嘴、进气阀处的工作温度下易发生氧化和缩合反应，形成胶质和树脂状积垢，电喷汽油发动机对沉积物十分敏感，一般当汽车行驶约2500km，发动机喷嘴和进气阀即会不同程度的生成漆膜和沉积物，导致燃料流速下降，雾化不均，排气污染增加，燃料能耗增加等不良后果。

汽油清净性的评价方法分为模拟评定法和台架评定法两种，其中模拟评定法主要有进气系统沉积物试验ISD和燃油喷嘴堵塞倾向试验PFI；台架评定法主要是IVD台架方法和M111法。

GB/T 19230.4—2003《评价汽油清净剂使用效果的试验方法第4部分：汽油清净剂对汽油机进气系统沉积物(ISD)生成倾向影响的试验方法》，该方法通过模拟

图2　燃油喷嘴堵塞倾向试验

进气阀形成沉积物，以沉积物生成量来衡量汽油或加入清净剂后汽油清净性的优劣。

GB/T 19230.3—2003《评价汽油清净剂使用效果的试验方法第3部分：汽油清净剂对电子孔式燃油喷嘴（PFI）堵塞倾向影响的试验方法》采用发动机模拟燃油供给系统，选择符合一定要求的喷嘴，在试验中用热源对燃油喷嘴进行加热和保温，通过测量喷嘴试验前后流量的变化来确定其堵塞率，以喷嘴堵塞率来衡量燃油的清净性。

图3 不同汽油燃烧室沉积物对比

GBT 19230.5—2003《评价汽油清净剂使用效果的试验方法 第5部分 汽油清净剂对汽油机进气阀和燃烧室沉积物生成倾向影响的发动机台架试验方法(Ford 2.3L方法)》，采用一台Ford 2.3L汽油发动机在两种不同工况条件下交替运行100小时，通过测量试验结束后发动机进气阀部位及燃烧室部位产生的沉积物重量来评价燃料油的清净性优劣。

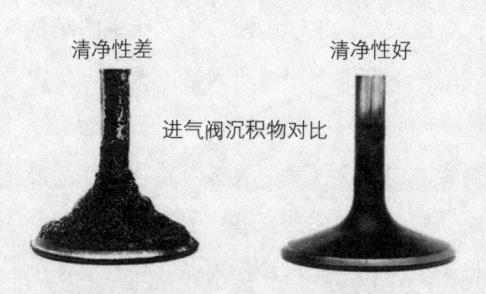

图4 不同汽油进气阀沉积物对比

GB/T 19230.6—2003《评价汽油清净剂使用效果的试验方法 第6部分 汽油清净剂对汽油机进气阀和燃烧室沉积物生成倾向影响的发动机台架试验方法(M111法)》，采用一台2.0LM111汽油发动机，在四种不同工况条件下交替运行60次循环共60小时，试验结束后同样通过测量发动机进气阀部位及燃烧室部位产生的沉积物重量来评价燃料油的清净性优劣。

世界燃油规范中已经对汽油的清净性方面做出了要求，采用M111或者Ford 2.3L方法均可评定汽油及汽油清净剂的清净性能，欧洲主要采用M111法，美国主要采用FORD 2.3L法，我国车用汽油标准尚未对清净性提出具体要求。

第九课　汽柴油添加剂对发动机的影响

汽柴油添加剂有许多种类，作用机理与使用效果也各不相同。对于车辆用户而言，市场中销售的较多的产品包括汽柴油清净性添加剂、柴油防凝剂、燃油减摩剂等。

汽柴油清净性添加剂一般都含有汽油清净剂或柴油清净剂组分，在燃油中添加、使用之后，能够清除发动机供油系统的沉积物与积炭，特别是发动机喷嘴和进气阀等处，并保持油路的清洁。由于沉积物清除后，汽车发动机能够工作在接近理想的状态下，燃油的燃烧效率提高，与积炭清除前相比，车辆的油耗会降低，尾气排放也会有所改善，车辆抖动、加速无力等现象也会减少。

柴油防凝剂更多的是改善柴油的低温流动性能。柴油车当深秋至初冬季节从南向北行驶，或者从低海拔地区向高海拔地区行进的过程中，由于车辆加入的是低牌号的车用柴油，在行进的过程中，随着气温的降低，柴油可能会发生凝固而导致发动机供油中断。加入柴油防凝剂后，可以保证油路中的柴油在略低于牌号的温度下仍保持流动状态，为发动机的运转正常供油。

燃油减摩剂能够在一定程度上改善汽柴油的润滑性能，降低依靠燃油润滑（如燃油泵等）的设备上机械摩擦造成的功率损失。此外，此类添加剂还会随着燃油进入发动机的燃烧室，其中极微量的部分能够进入活塞从缸套之间，与润滑油一同起润滑的作用，因此，这类添加剂也能在一定程度上提升车辆的燃油效率，从而达到节油的目的。

图1　柴油滤清器中凝固的柴油

第十课 | 使用汽柴油添加剂能节油吗？

目前市场中使用的汽柴油添加剂有许多种类，其中有一些添加剂使用后具有节油的效果。

例如汽、柴油清净剂类产品，其主要功效是清除车辆发动机供油系统的沉积物。车辆在正常使用过程中，由于燃油中的不安定组分氧化与不充分燃烧，会在发动机的油路、燃油喷嘴、进气阀和燃烧室等处形成积碳与沉积物。这些积碳和沉积物的存在，会造成发动机供油不畅、燃烧不完全等现象，车辆的油耗会明显增加。使用清净剂后，随着沉积物被逐步清洗，发动机部件又会再次工作在较为理想的状态之中，车辆的油耗也会随之降低。

还有一些添加剂，例如燃油减摩剂，也能够起到节油的效果。

市场中还有一些能够提升汽油辛烷值的改进剂，这种添加剂能够增加汽油的抗爆性。在一定条件下，部分型号的汽车由于设计上的原因，使用高牌号的汽油时会比使用低牌号的汽油油耗略低。但目前市场上的此类添加剂多含有金属离子成分，长期使用会在发动机火花塞表面形成金属氧化物沉积物堆积，影响发动机的正常点火，建议不要使用。

**Lubricating Oil, Grease
and Auxiliary Products for
Automobile and Ship**

第七章 车用柴油及其使用相关问题

Chapter 7

车用柴油是原油经过复杂加工工艺得到相应组分后，调合并加入一些必要添加剂得到的压燃式发动机燃料，主要供商用卡车等柴油发动机使用。除此以外，铁路机车、船舶、工程和农业机械等大型设备，一般使用普通柴油作为动力燃料。国内已全面销售满足国V排放标准的车用柴油，部分地区已有满足国家第六阶段排放标准的产品。车用柴油一般以产品凝点和冷滤点的低温特性划分为5号、0号、-10号、-20号、-35号和-50号等6个牌号，主要针对不同地区在不同季节的不同温度下使用。

2017年，全国柴油（包括车用柴油和普通柴油）的消费量约为1.67×10^8t，同比上涨6.0%。国内运输行业，特别是物流行业近几年的快速发展，带动了大型运输车辆使用量的增长。与汽油车相比，柴油车的CO、HC排放更低，但NO_x排放量较高。解决柴油车尾气排放问题，主要通过SCR技术的使用和提升柴油的清净性能两个方面实现。SCR技术必须使用32.5%的车用尿素溶液作为柴油发动机尾气净化液参与NO_x的处理过程；提升柴油的清净性则与柴油自身的理化性质和柴油清净剂的使用有关。

本章共14课，分别从车用柴油的产品标准、排放法规、车用柴油的具体指标、柴油清净性评价试验方法和柴油尾气净化液等几个方面，简明阐述了车用柴油及柴油尾气净化液的基础知识，帮助读者认识车用柴油的特点，了解柴油尾气净化液等产品的功能和使用中的问题。

第一课 车用柴油质量标准及发展趋势

2003年，我国颁布了GB/T 19147—2003《车用柴油》国家标准，迈出了车用柴油质量升级的第一步，GB/T 19147—2016《车用柴油》已经发展到国Ⅵ阶段，柴油质量的升级主要是控制硫含量、十六烷值、多环芳烃含量等方面，随着硫含量以及对多环芳烃含量的限制，润滑性和清净性将成为清洁柴油的重要性能。

表1 柴油标准关键限值变化

项目	车用柴油（国Ⅳ）						车用柴油（国Ⅴ）						车用柴油（国Ⅵ）					
牌号	5号	0号	-10号	-20号	-35号	-50号	5号	0号	-10号	-20号	-35号	-50号	5号	0号	-10号	-20号	-35号	-50号
十六烷值	49		46	45			51		49	47			51		49	47		
硫含量 mg/kg	≤50						≤10						≤10					
多环芳烃含量，%（质量分数）	≤11						≤11						≤7					
密度（20℃）kg/m³	810~850			790~840			810~850			790~840			810~845			790~840		
总污染物含量 mg/kg	—						—						≤24					

第二课　柴油的凝点

油品的凝点又称为凝固点，是指油品试样在规定条件下冷却到液面不流动时的最高温度。柴油的凝点是其低温使用性能的重要指标，我国车用柴油按凝点分为5号、0号、-10号、-20号、-35号和-50号六个牌号。当然，衡量柴油的低温性能，还需要结合另一项指标——冷滤点一起考虑。凝点主要影响柴油的运输与储存，冷滤点为柴油通过发动机供油系统时会造成滤网堵塞的最高温度，它直接影响发动机的供油。

油品的凝固和纯化合物的凝固有很大的不同，油品没有明确的凝固温度，所谓"凝固"只是从整体看液面失去了流动性，其高低与油品的化学组成有关。馏分轻则凝点低，馏分重、含蜡量高则凝点也高。通常以脱蜡或加降凝剂的方法来降低石油产品的凝点。脱蜡程度深则凝点低；若脱蜡深度不能满足需要，可加适量的降凝剂。

对车用柴油而言，并不是在失去流动性的凝点温度时才不能使用，大量的行车及冷启动试验表明，其最低极限使用温度是冷滤点。冷滤点测定仪是模拟车用柴油在低温下通过过滤器的工作状况而设计的，因此冷滤点比凝点更能反映车用柴油的低温使用性能，它是保证车用柴油输送和过滤性的指标，并且能正确判断添加低温流动改进剂（降凝剂）后的车用柴油质量。一般冷滤点比凝点高2～6℃，为保证柴油发动机的正常工作，户外作业时通常选用凝点低于环境温度7℃以上的柴油。

图1　在售柴油

第三课 | 柴油的冷滤点

在冬季柴油易凝结，这是柴油车面临的一个大难题，长距离运输中许多柴油车司机都遇到过因柴油堵塞滤网甚至凝结而无法行驶的情况。再如，在秋冬交接之际，有些南方的车辆运行到北方，在停车休息时，因气温骤降而导致车辆无法启动，既耽误时间影响行车效率，又误事。这一方面与我国南北方纬度跨度大、气候变化剧烈有关，另一方面也与部分司机对油品的认识偏差有关。

消费者普遍存在这样一个误区，认为0号柴油只要环境温度在0℃以上时就能正常使用，这主要是由于对柴油防冻性能不了解造成的。其实，衡量柴油防冻性能的指标主要有两项，即冷滤点和凝点。凝点是指柴油在低温环境中失去流动性的最高温度，主要影响柴油的运输与储存；冷滤点是指柴油试样在规定条件下冷却，在1961Pa（200mm水柱）压力下抽吸，使冷却的柴油试样通过一个363目的过滤器，测定过滤器被堵塞至不能通过或者流量小于20mL/min时的最高温度，该指标为柴油通过发动机供油系统时会造成滤网堵塞的最高温度，它直接影响发动机的供油。

国家公布柴油标准中规定：0号的柴油其凝点为不高于0℃（柴油凝结的温度），冷滤点不高于4℃（柴油能通过滤网的最高温度），-10号的柴油其凝点为不高于-10℃，冷滤点不高于-5℃。无论是哪种标号的柴油，随着气温的不断降低，都是先经过冷滤点再经过冷凝点。因此，柴油的合理使用温度应该在其冷滤点之上。

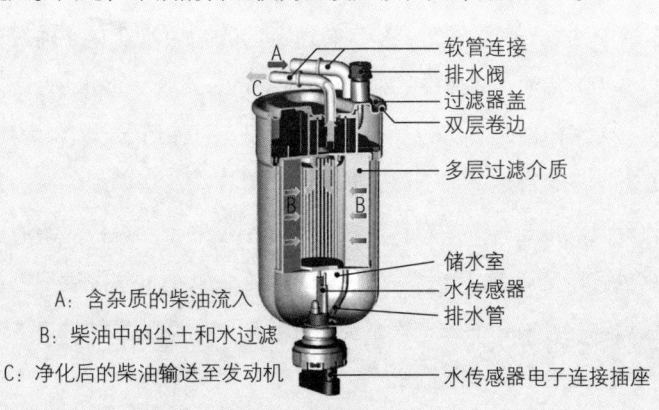

A：含杂质的柴油流入
B：柴油中的尘土和水过滤
C：净化后的柴油输送至发动机

软管连接
排水阀
过滤器盖
双层卷边
多层过滤介质
储水室
水传感器
排水管
水传感器电子连接插座

图2　柴油过滤系统

第四课 柴油的十六烷值

十六烷值是表示柴油在柴油发动机中燃烧时的自燃性指标。加油站标注的柴油牌号只表明了柴油的抗凝固性能,而真正影响燃烧性能的主要是柴油的十六烷值。

柴油十六烷值用来表示柴油的发火性能,十六烷值越高,柴油压燃性能越好,越不容易产生爆震等不正常燃烧现象。一般来说,适合轿车使用的轻柴油,其十六烷值不应低于45。

根据GB/T 386,柴油的十六烷值测定是在标准单缸柴油发动机中进行的。用两种燃烧性能悬殊的烃类作为基准物:一种是十六烷,它的燃烧性能良好,把它的十六烷值定为100;另一种是α-甲基萘,其燃烧性能差,而把它的十六烷值定为零。按不同体积混合这两种基准燃料,就可获得十六烷值0~100的标准燃料,试验时将标准燃料与所试燃料分别放入专门的试验条件完全相同的单缸试验机中进行试验,比较两者的发火性能。若发火性能完全相同,这一标准燃料中所含十六烷体积的百分数就是所试燃料的十六烷值。

高速柴油发动机要求柴油在短时内完全燃烧,这就要求柴油的发火性好,要用十六烷值高些的柴油。一般情况下,额定转速在1000r/min以下的柴油发动机,可使用十六烷值为35~40的柴油;转速在1000~1500r/min的柴油发动机,可使用十六烷值为40~45的柴油;转速在1500r/min以上的柴油发动机,可使用十六烷值为45~60的柴油。

十六烷值也不是越高越好,当超过65时,燃料在燃烧室内裂化快,分离的炭来不及燃烧,会随着废气排走,造成燃料过多消耗。柴油的十六烷值对柴油机在不同气温下的启动性能也有一定影响,十六烷值高的柴油在较低的进气温度下也容易燃烧;但对柴油发动机启动的影响,蒸发性更重要,评价柴油对柴油发动机启动性的影响,要将蒸发性与十六烷值结合在一起考虑。

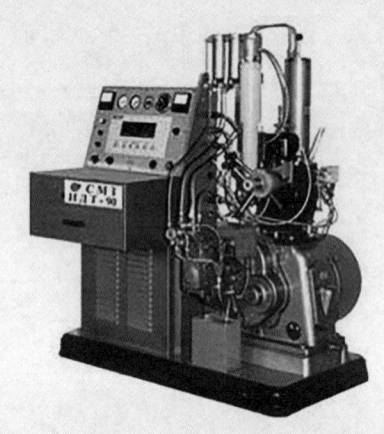

图1 柴油十六烷值测定仪

第五课 柴油的馏程

柴油是由多种烃类及少量烃类衍生物组成的复杂混合物，与纯化合物不同，它没有一个确定的沸点，其沸点表现为一个很宽的范围，通常以该产品的沸点范围或馏程表示。其馏程用恩氏蒸馏方法来测定，相应的检测标准方法为国家标准GB/T 6896。

所谓恩氏蒸馏是在规定条件下，对油品进行加热，用蒸馏所得到的气相的温度来表示当前汽化出来的烃类的大致沸点。当油品在恩氏蒸馏设备中按规定条件加热时，流出第一滴冷凝液时的气相温度称为初馏点。蒸馏过程中，烃类分子按沸点高低顺序逐渐蒸出，气相温度也逐渐升高，馏出物体积为10%、30%、50%、70%、90%时的气相温度分别为10%、30%、50%、70%、90%馏出温度，蒸馏到最后所能达到的最高气相温度称为终馏点或干点。初馏点到干点这一温度范围称为馏程。馏程测定的实质是将一定体积或重量的油品加热蒸馏，测出各馏出量的相应温度，或相当于一定馏出温度的馏出量。

柴油属于压燃式发动机燃料，同时燃料的供给方式为直喷式，所以其在馏程方面主要要求50%、90%及95%馏出温度。

50%馏出温度越低，说明柴油的轻馏分越多，则柴油发动机易于启动，但柴油中轻质馏分含量过多，会使喷入气缸的柴油蒸发太快，易引起全部柴油迅速燃烧，造成压力剧增，使得柴油发动机剧烈运转。国家标准规定车用柴油50%馏出温度不高于300℃，柴油中小于300℃馏分含量对耗油影响很大，小于300℃馏分含量越高，则耗油量越小。

90%馏出温度及95%馏出温度越低，说明柴油中的重馏分越少。这就使得柴油的燃烧更加充分，不仅可以提高柴油发动机的动力性，减少机械磨损，避免发动机产生过热现象，而且还可使油耗降低。车用柴油国标规定90%馏出温度不高于355℃，95%馏出温度不高于365℃。

第六课　柴油喷嘴清净性

随着世界石油资源的减少和汽车排放法规的要求越来越高，促使发动机制造商开发先进的技术以降低柴油机的油耗和减少尾气的排放。柴油机技术的发展，对车用燃料清净性提出了越来越高的要求，车用柴油清净性对汽车排放的影响越来越突出。

喷油嘴作为柴油发动机的核心部件，对燃油起着精确计量和准确分配（雾化）的作用。柴油机运转时，发动机喷嘴受到高温的影响，燃料的轻质组分挥发，滞留在销形表面的重质组分在高温下发生氧化和聚合反应后形成胶质和树脂状沉积物，最终形成干性沉积物，会堵塞喷油嘴。

当出现喷油嘴堵塞的情况时，会影响喷油嘴的计量精度和喷射状态，柴油雾化不良造成燃烧状态不理想、燃烧不完全，尾气污染物排放增加，并导致发动机工作不稳定，使发动机功率下降，比油耗上升，烟度增加。

喷油嘴堵塞　　　　　　　　　　　　　喷油嘴通畅

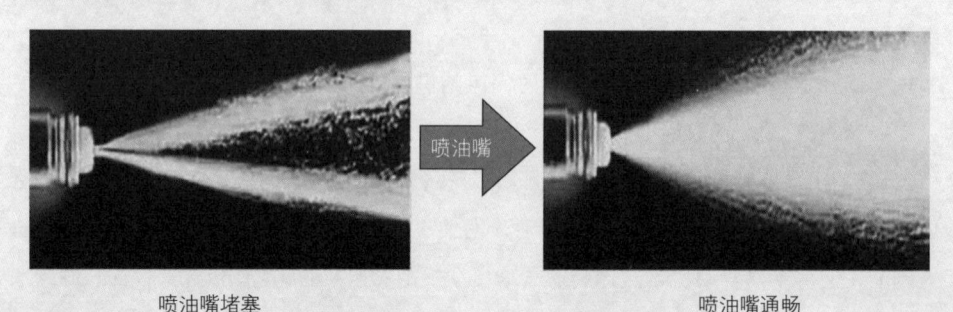

图1　喷嘴清净性对柴油雾化的影响

我国柴油中催化裂解组分较多，尽管加入了抗氧剂，但在长期的存储中也会发生氧化反应而生成不溶性胶质、残渣和漆状沉积物，这些杂质很容易堵塞过滤器和喷嘴，严重影响燃油喷射和发动机工作状况，使燃烧和排放恶化，油耗增加。清净性好的车用柴油能使汽车在运行中自动清洗发动机供油系统，清除积炭和沉积物，保持燃油喷嘴的清洁和燃油喷射正常，使汽车发动机工作平稳，保持优良的排放特性。

我国柴油清净性评价方法SH/T 0764，采用欧洲CEC基于PSA XUD9间喷柴油发动机开发的CEC F23台架试验方法，采用一台排量为1.9L的XUD 9直列四缸间喷柴油发动机为实验设备，通过试验前后对喷嘴空气质量流量的测量来确定燃油形成沉积物的倾向，以每一个喷嘴在针阀升程为0.10mm、0.20mm和0.30mm时喷嘴流量的下降百分数作为评判结果。该方法也是《世界燃料规范》中评定柴油清净性的两个标准方法之一。

第七课　柴油车排放法规

随着我国机动车保有量的快速增长，车辆尾气排放成为大中城市大气污染的主要来源。而柴油车是最主要的NO_x和PM（颗粒物）排放源，2014年柴油车保有量仅占汽车总量的14.1%，NO_x排放占比却高达69.2%，颗粒物排放则占汽车排放总量的99%以上，柴油车排放标准日益严格。

柴油车分为总质量小于3.5t的轻型柴油车和大于3.5t的重型柴油车，我国轻型柴油车没有量产，因此主要关注的是重型柴油车的排放。我国自2017年7月1日起已在全国范围实施柴油车第五阶段排放标准。GB 17691—2018《重型柴油车污染物排放限值及测量方法（中国第六阶段）》也已经颁布，燃气汽车、城市车辆、重型柴油车将分别自2019年7月1日起、2020年7月1日起和2021年7月1日起开始实施第六阶段排放标准。

自2001年我国开始实施第一阶段排放标准以来，重型柴油车的NO_x和PM排放，已经有了大幅的削减，到国V相比第一阶段NO_x和PM分别已经分别削减了75%和96.7%。

即将实施的国Ⅵ阶段柴油车排放标准对NO_x和PM排放进行了进一步加严，与国V标准相比，NO_x限值加严77%，PM限值加严67%，且新增颗粒物个数（PN）限值，并规定了NH_3的排放限值，防止过多的NH_3排放到大气中。

第八课　柴油尾气净化液AUS 32及其标准

　　柴油尾气净化液AUS 32是指尿素浓度为32.5%且超纯水为67.5%的尿素水溶液,也称车用尿素水溶液,原料为专用尿素和超纯水。

　　重型卡车、客车等柴油车要达到国Ⅳ及以上排放标准,在尾气处理上需要采用适合的SCR系统(选择性催化还原系统),而这项系统可以利用尿素溶液对尾气进行处理,其原理是尿素溶液在高温下经过热解、水解产生氨气,氨气将尾气中的氮氧化合物还原为无污染的氮气和水。因此,车用尿素溶液成了重型卡车及客车达到国Ⅳ及以上排放标准的必备产品。车用尿素溶液不仅能有效减少尾气排放,避免环境污染,还能显著降低柴油消耗,节约成本。

　　国家标准GB 29518—2013《柴油发动机氮氧化合物还原剂尿素水溶液(AUS 32)》于2013年7月1日实施。该标准规定了尿素含量、密度、折光率、碱度、缩二脲、甲醛、不溶物、磷酸盐、钙、铬、铜、铁、钾、镁、钠、镍、锌、铝、红外定性共计19项指标,是柴油尾气净化液质量合格的有力保障。

表1　AUS 32技术要求及试验方法

项目		质量指标 (GB 29518—2013)	试验方法
尿素含量,%		31.8~33.2	GB 29518附录A
密度(20℃),kg/m³		1087.0~1093.0	SH/T 0604
折光率n_D^{20}		1.3814~1.3843	GB/T 614
杂质含量	碱度(以NH₃计),%	≤0.2	GB 29518附录B
	缩二脲,%	≤0.3	GB 29518附录C
	醛类(以HCHO计),mg/kg	≤5	GB 29518附录D
	不溶物,mg/kg	≤20	GB 29518附录E
	磷酸盐(以PO₄计),mg/kg	≤0.5	GB 29518附录F
	钙/铝/铁/镁/钠/钾/,mg/kg	≤0.5	GB 29518附录G
	铜/锌/镍/铬,mg/kg	≤0.2	
一致性确认		与参考谱图一致	GB 29518附录H

第九课 SCR系统的作用及工作原理

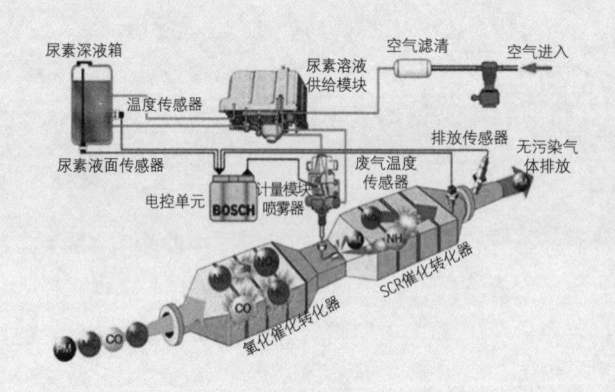

图1 柴油尾气处理系统示意图

世界各国都致力于减少柴油机NO_x和PM排放的研究,其途径有提高燃油品质、实行机内净化技术和尾气后处理技术。SCR(选择性催化还原)技术是一种很有前途的机外净化措施,能降低70%~90%的柴油机尾气中的NO_x排放。因此,柴油机内净化处理的同时辅助以尾气后处理技术来控制柴油机有害物质的排放成为柴油机未来的发展方向。SCR技术是适合我国国情的重型柴油机节能减排技术路线。

SCR(Selective Catalytic Reduction选择性催化还原技术)是较成熟的降低柴油车NO_x排放的技术。采用在尾气中喷射32.5%雾状柴油尾气净化液的方法,将NO_x还原成氮气及水,其中柴油尾气净化液为还原剂。柴油尾气净化液的主要作用是降低柴油车尾气中的NO_x排放,使柴油车达到国Ⅳ及以上排放标准要求。

SCR系统总共包括4大模块:发动机排放控制模块、OBD车载诊断模块、车用尿素喷射模块以及SCR催化器模块组成。

SCR的工作原理是在热的尾气中添加柴油尾气净化液,与NO_x反应,使之转化成氮气和水蒸气。柴油尾气净化液是通过一个加热的管道从尿素罐中吸取,然后通过压缩空气使之均匀吹入尾气中,柴油尾气净化液在高温下水解释放出氨气,然后在SCR系统的催化器中使NO_x加速转换成纯净的氮气和水。

一般尿素罐的存储量为30~100L,柴油尾气净化液的消耗量一般为柴油使用量的4%~6%。

图2 柴油车尿素箱

第十课 | 柴油尾气净化液包装物要求

柴油尾气净化液的包装物执行国家标准GB 29518—2013，应按照GB 29518—2013附录J中的规定选择包装材料，在采样和抽检过程中也应使用满足包装物材质要求的容器采样，避免对产品造成二次污染。

为避免柴油尾气净化液被污染和对容器、管道、阀门、连接件、密封垫等的腐蚀，在生产、处理、运输、储存和采样的各个环节都要保证AUS 32（32.5%的尿素水溶液）与直接接触的材料兼容。附录J包装材料要求"塑料中的添加剂要特别注意，可能会溶解在车用尿素溶液中，对于含有添加剂的塑料，应进行仔细的测试"。鉴于包装物单独检验的复杂程度，应按照国标要求，严谨选择包装物供应商，并做出相应的原材料及生产过程定制要求，以确保包装物与柴油尾气净化液的兼容性（包装物普遍选择PE或PP材质）。GB 29518—2013国家标准中推荐的和不推荐使用的包装物见下表。

表1 柴油尾气净化液包装物推荐材料示例

奥氏体高合金镍铬钢、镍铬钼钢、不锈钢、钛
Ni-Mo-Cr-Mn-Cu-Si-Fe合金，例如镍基合金c/c-276
聚乙烯、聚丙烯、聚异丁烯，无添加剂
全氟烷氧基树脂（PFA）聚氟乙烯（PFE）聚偏氟乙烯（PVDF）聚四氟乙烯（PTFE）偏氟乙烯和六氟丙烯的共聚物，无添加剂

注：（1）顺序不分先后。
（2）塑料中的添加剂要特别注意，添加剂可能会溶解在AUS 32中，对于与AUS 32直接接触的塑料，应仔细检测添加剂对AUS 32的污染。

表2 柴油尾气净化液包装物不推荐材料示例

碳钢、镀锌碳钢、软铁（这些材料会和AUS 32中微量的氨反应生成可能影响SCR系统正常工作的化合物）
非铁金属和合金：铜、铜合金、锌、铅；含铅、银、锌或铜的焊锡；铝或铝合金；镁或镁合金；镀镍塑料或镀镍金属

第十一课　柴油尾气净化液储运要求

表1　柴油尾气净化液储存温度与保质期

保持恒定储存环境温度，℃	保质期，月
≤10	≥36
≤25	≥18
≤30	≥12
≤35	≥6
>35	—

按照GB 29518—2013附录J中规定，柴油尾气净化液的储运应注意防雨、防晒、避光，尽可能在室内储存。

（1）夏季储存和运输：为避免尿素分解和非密封容器中水的挥发，应避免长时间在高于25℃的条件下运输或储存。要求运输车辆具有绝热功能。长时间在高于25℃条件下储存会缩短产品的保质期。在整个供应链中，AUS 32的保质期与储存的环境温度有关。但短时间暴露在稍高温度的环境中，不会影响AUS 32的质量。

（2）冬季储存和运输：尿素溶液中尿素含量为32.5%时，其结晶点最低，初始结晶点为-11℃。为避免AUS 32结冰，应避免在-10℃以下的环境中储存。要求运输车辆具有绝热或具有加热功能。结成晶体的AUS 32会比结晶前的体积增加7%，可能会导致产品溢出容器或容器胀裂。如果在使用AUS 32前发现已经结晶，可以在温度不高于30℃的情况下小心加热至固体物质消失，这种情况下不会影响产品质量。

为防止空气中的杂质污染，应使用密封的容器或在通风口安装过滤器。所有与AUS 32直接接触的表面上，不能有其他物质，包括燃油、润滑油、润滑脂、洗涤剂、灰尘或任何其他物质。为防止AUS 32被微量元素、灰尘和杂质污染，非专用设备的表面应用蒸馏水或去离子水清洗，并在处理AUS 32之前用AUS 32做最后的冲洗，并对最后一次冲洗的AUS 32按照GB 29518—2013标准验证。

第十二课 | 柴油尾气净化液质量不达标的后果

SCR系统主要包括：尿素水溶液储罐、输送装置、计量装置、喷射装置、催化器以及温度和排气传感器等。

尿素喷嘴的作用是按照控制器的指令来进行尿素溶液的喷射。由于多方面因素影响，尿素喷嘴很容易出现堵塞、结晶等，喷嘴一旦结晶堵塞会导致喷嘴失去喷雾效果，ECU电脑控制系统识别后会报警，对发动机限扭或造成气泵的损坏。

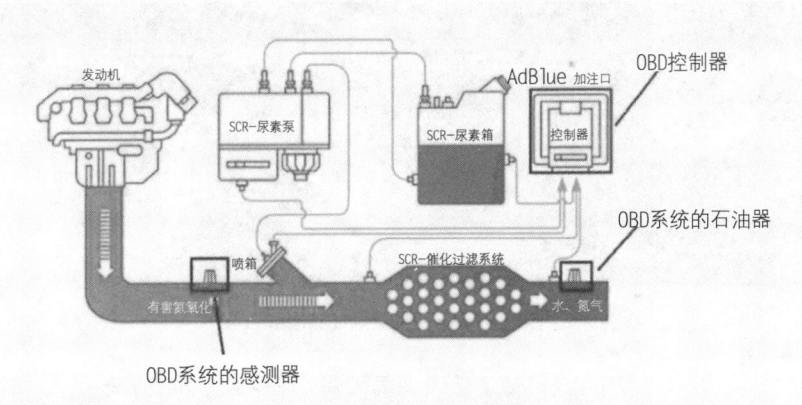

图1　车辆OBD检测系统

柴油尾气净化液质量不达标，会堵塞滤清器、尿素溶液输送管道和喷嘴，造成NO_x排放不达标，车辆OBD检测系统报警，导致发动机功率下降，动力损失。

（1）金属离子和磷酸盐会污染SCR系统的催化剂，造成催化剂中毒失效；缩二脲、甲醛在高温下会转化为缩三脲、三聚氰酸等难溶于水的杂质，从而导致喷嘴、排气管等堵塞。

（2）不溶物和杂质含量超标，容易堵塞滤清器、尿素液管路、喷嘴，导致尿素泵损坏以及喷嘴雾化效果不好。

（3）尿素含量直接影响NO_x的催化效率和尿素溶液的结晶点。通常使用32.5%的柴油尾气净化液作为还原剂，因为此浓度的结晶点最低（初始结晶点-11℃）。尿素结晶可能会堵塞尿素输液管及喷嘴。

（4）在发动机点火开关关闭后，系统进入排空阶段，SCR计量喷射泵会自动开始吹扫，此阶段将延续60秒，然后系统自动关闭。这样可以扫尽喷嘴管路中的尿素残液，避免因尿素残液结晶而造成管路堵塞。因此，用户严禁在发动机熄火后60秒内切断整车电源。

（5）SCR系统长期不工作会导致系统内残留的尿素溶液结晶堵塞管道及喷嘴，又由于长期缺乏液体的浸泡使SCR系统各零部件的寿命降低甚至损坏。

（6）SCR系统中发生复杂的物理和化学反应，尿素液滴在分解为氨气时，也生成氰酸、缩二脲、三聚氰酸等中间产物，容易形成尿素结晶石等沉积物。沉积物不断累积，也会造成喷嘴堵塞。

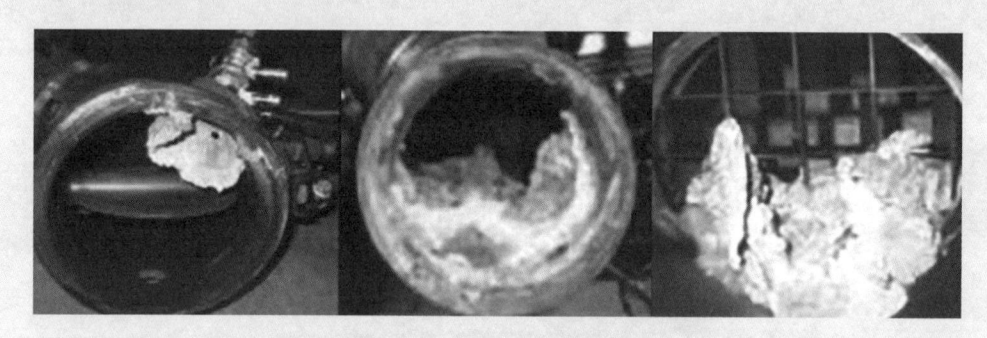

图2　不合格尿素液导致的堵塞

因此，滤清器、喷嘴和尿素液输送管道等需要定期清理，最重要的是，一定要使用质量可靠的品牌尿素液产品。

第十三课　柴油车SCR系统常见故障及处置

SCR系统包括AUS（尿素水溶液）储罐、泵、喷嘴、输送管路、加热管路、液位传感器；催化器；排气温度传感器、AUS温度传感器；NO_x传感器；计量控制系统（DCU）等。DCU控制整个SCR系统的工作，通过与发动机电控系统（ECU）的通信，获得发动机的运行参数（转速、燃油消耗量、排气流量等），再加上对排气温度、NO_x传感器等信号的处理，计算出AUS的喷射量，控制喷嘴实时适量地喷射。

主反应方程式：
$$4NH_3+4NO+O_2 \xrightarrow{催化剂} 4N_2+6H_2O$$
$$4NH_3+2NO+2O_2 \xrightarrow{催化剂} 3N_2+6H_2O$$
$$4NH_3+6NO \xrightarrow{催化剂} 5N_2+6H_2O$$
$$8NH_3+6NO_2 \xrightarrow{催化剂} 7N_2+12H_2O$$

图1　常见SCR系统结构原理图

SCR系统故障，排放控制用车载诊断系统OBD发现排放不能达标时，SCR故障指示灯会点亮；如果故障持续时间过长，ECU将激活扭矩限制器（油门将只有一半的效用），来降低发动机的功率（表现为发动机动力不足）；另外还会出现尿素消耗明显低于或高于常规的情况，需要仔细查找原因，及时妥善处置。

表1 SCR系统常见故障及处置

故障现象及可能的问题	处置措施
1. NO$_x$排放超标，激活扭矩限制器、使发动机动力不足	
AUS中缩二脲、醛类、不溶物、金属离子超标，造成AUS输送管及喷嘴堵塞、SCR系统催化器中毒失效；AUS浓度过高或过低，造成AUS低温易结晶（输送管及喷嘴堵塞）、NO$_x$转化率低	使用正规生产、质量满足国标的AUS
AUS储罐液位过低，造成AUS泵不喷AUS	关注AUS液位、及时添加
SCR系统零部件电气线路弯折、断路，造成AUS泵不喷AUS	检查并连接断路的线路
2. AUS消耗过多	
SCR系统管路、密封泄漏	检查并修复泄漏部位
柴油质量低劣或不完全燃烧，会造成SCR系统催化器中毒失效	使用质量达标的柴油，清洗或更新催化器
AUS浓度过低（或被稀释）	使用浓度等达标的AUS
DCU和ECU之间数据不匹配，如YC4G200-42的后处理数据，安装到YC4G180-40的车上，DCU发出错误命令	联系整车厂或发动机厂家，更改系统软件
车辆高速高负荷	调整车辆的速度与负荷
3. AUS消耗过少，可能的问题是车辆低速低负荷，排气温度低于200℃，达不到AUS喷射条件	调整车辆的速度与负荷

第十四课 | 柴油防凝剂

柴油低温流动改进剂的市售小包装产品名称为柴油防凝剂，它能够降低柴油凝点和冷滤点，改善柴油低温流动性。柴油防凝剂的意义在于让用户提前将产品加入柴油中，以防柴油在低温天气下凝固，若柴油已经凝固，再补加则无效。

降低柴油凝点改善低温流动性 → 避免油路堵塞防止车辆冻伤 → 保障低温天气跨地区行车

图1　柴油降凝剂的主要作用

使用效果对比

不加防凝剂
蜡晶相互连接，形成网状结构，堵塞滤网，发动机不能正常工作。

加防凝剂
通过吸附和抑制作用，蜡晶细化，可以通过滤网，发动机正常工作。

图2　柴油降凝剂的作用效果

柴油在较低温度下凝固是由于柴油中含有一定量的蜡（即正构烷烃），当温度降低时，蜡逐步析出并形成蜡晶。随着温度的进一步降低，蜡晶会迅速长大，首先形成平面状结晶，这些结晶相互联结，以至形成三维网状结构，将油包在其中，使油失去流动性而呈现凝固状态。

柴油发动机在工作时，柴油经粗、细滤清器，再经过高压泵、喷油嘴被喷入气缸。当柴油温度降至冷滤点时，所形成的蜡晶就会堵塞滤清器并影响油路的正常供油，进而影响发动机的正常工作。柴油中加入防凝剂后，可以改变蜡的结晶形态和结晶大小，从而保证了柴油温度降至冷滤点时还能顺利通过滤清器。

由于柴油是多种烃类的复杂混合物，不同炼厂、不同原油以及不同工艺炼制的柴油的石蜡含量和分布等不同，防凝剂对不同柴油的感受性和降冷滤点、凝点效果有所差异，使用一瓶（400mL）昆仑之星柴油降凝剂，一般可混兑柴油200~280L，可以降低使用温度5~10℃不等。

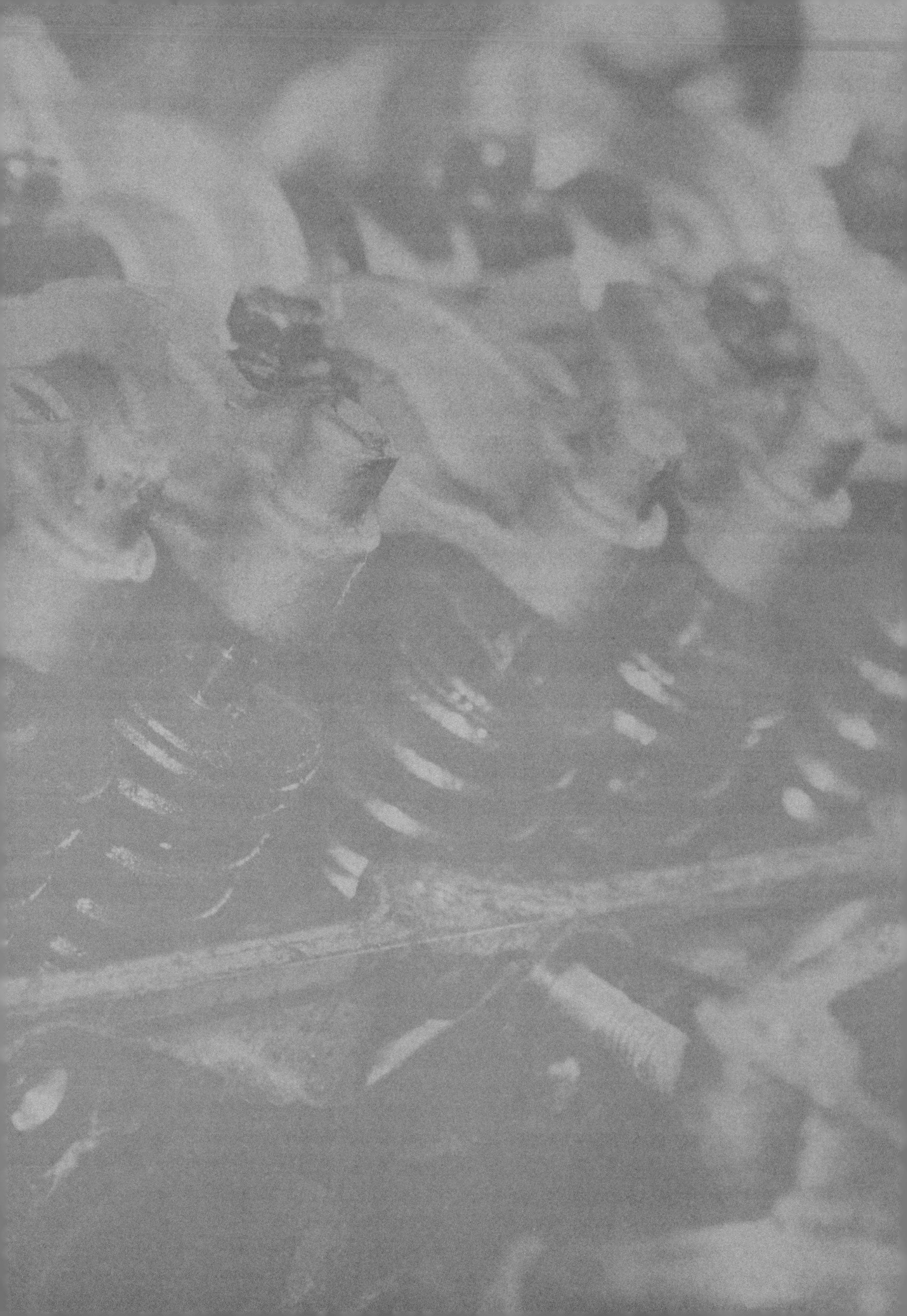

Lubricating Oil, Grease and Auxiliary Products for Automobile and Ship

第八章

车辆辅助油液及其应用

Chapter 8

我国汽车保有量已经突破2亿量，已经迈入了汽车社会，标志着汽车已成为家庭日常消费品。随着家庭轿车的增多，人们对于爱车的维护越来越重视。但是大家只重视各种金属零部件的更换，而忽视了汽车的"血液"，即各种养护油液的维护和更换。

油液保养对于汽车的正常运行和人身安全都至关重要，它事关车辆的使用寿命及司乘人员的人身安全。无论是润滑油还是刹车液或者冷却液、玻璃水，太多或者太少都不是好现象。了解这些油液的产品特点和使用方法，就可以及时补救，以免酿成大错影响行车安全，降低车辆寿命。

俗话讲，喜欢一个人，就要了解他的内心和思维；喜欢一辆车，就要了解车的结构和原理。知其本质，我们方可更融洽地与其相处交流，例如更高水准地驾车、小打小闹地修理、炫酷震撼地改装。为此，本章将为您提供冷却液、玻璃水、刹车液、制动液等车辆油液的相关知识，让您充分了解这些产品，并为您的爱车提供专业的保护。

根据使用部位的不同，车辆润滑油液可以分为发动机润滑油、齿轮油、变速箱油、刹车油、冷却液、玻璃水等，其中一般将发动机和传动系统之外的车用流体称为汽车辅助油液，包括冷却液、刹车（油）液、玻璃水等。

刹车油的作用就是传递刹车的压力，现代汽车大多采用液压刹车，需要刹车油这种液体来传递施加给车辆的刹车力，达到刹车的目的。一般使用的刹车油都是全合成型，除了满足基本的液压油性能外，还加入了润滑剂、稀释剂、防锈剂等添加剂，从而更有效地保护刹车系统，进而保证车辆的安全。

冷却液是发动机散热的媒介，让发动机保持正常的工作温度。我们所使用的冷却液大多为乙二醇水基型，一般来说需要两年或4×10^4km更换一次。

玻璃水又称汽车风窗玻璃清洗液，它的功能包括清洁、防霜、防雾以及润滑玻璃等。虽然它并不像冷却液、刹车油等会直接影响车辆的行驶，但是它却影响驾驶员的"眼界"，关系到车辆的驾驶安全。如果跑长途或雨雪天气，没有玻璃水协助雨刷器清洗玻璃，驾驶员的视线会严重受阻，以至于严重影响安全。

第一课 | 冷却液的分类及使用

冷却液，曾俗称为防冻液，主要由去离子水、添加剂、防冻剂三部分组成，按防冻剂成分不同可分为乙醇（俗称酒精）型、甘油型和乙二醇型等三类。

乙醇型冷却液价格便宜、流动性好、配制工艺简单，但沸点较低、易蒸发损失、冰点易升高、易燃，现已被淘汰；甘油型冷却液沸点高、挥发性小、不易着火、无毒、腐蚀性小，但降低冰点效果不佳、成本高、价格昂贵，用户难以接受，只有少数北欧国家仍在使用。

乙二醇型冷却液是市场主流品种，其中一般添加有适量抗泡沫、防腐蚀等综合添加剂。乙二醇易溶于水，可以配成各种冰点的冷却液，其最低冰点可达 $-50℃$，这种冷却液具有沸点高、泡沫倾向低、黏温性能好、防腐和防垢等特点，是一种较为理想的冷却液，国内外发动机装机和市场上销售的几乎都是乙二醇型冷却液。

我国市场上冷却液品牌很多，虽然都是乙二醇型，但质量和添加剂类型有很大不同，原则上不同品牌型号的冷却液不能混合使用，以免起化学反应、沉淀或生成气泡，降低使用效果；在更换冷却液时，应先将冷却系统用净水冲洗干净，然后再加入新的冷却液和水；用剩的冷却液应在容器上注明名称以免混淆。

图1　昆仑之星冷却液

各类冷却液配制成分和比例不同，其凝点也不相同，应根据当地的气温条件来选用，一般冷却液冰点应低于当地最低气温10~15℃较为稳妥。

现代车辆应保持常年使用并及时更换冷却液，一般冷却液最好每年更换一次，特别是出租车等使用频次较高的车辆；运行时间短的车辆可两年更换一次。

第二课　千万不要用自来水替代冷却液

冷却液，全称为防冻冷却液，意为有防冻功能的冷却液，其作用是带走发动机热量，同时可以防止寒冷季节停车时因液体结冰而胀裂散热器和冻坏发动机缸体。很多人提出了疑问——冷却液无非就是为发动机降温，那么自来水不是最好的降温流体，而且还不要钱吗？！

图1　使用冷却液后的发动机缸套

其实这是对冷却液这个名称的狭隘理解，冷却液要与整个发动机相伴终身，其在工作中除了带走热量和防止冬天冻裂以外，还需要具有防腐蚀、防水垢和防沸腾等功能，以便长期保护发动机，保持良好的冷却效果。

如果图方便或贪便宜，使用自来水，短时间内可能不会出问题，但长期下来就会使发动机效率降低甚至损坏，得不偿失。

第一，自来水易结冰。水的冰点为0℃，在我国北方地区，冬天的气温一般在0℃以下。如果使用自来水作为发动机的冷却介质，就会出现结冰的现象，这样会导致发动机无法冷却，损害发动机。

第二，沸点低。水的沸点为100℃，发动机长时间的运转过程中，温度常常可以达到80～90℃，水长期在这种温度下运行，会出现起泡和加速蒸发的现象，这种现象容易导致发动机发生气穴腐蚀，同时水量会越来越少，由此会产生干涸的现象，从而导致烧缸。

第三，易产生水垢。发动机的正常运行要求其内部非常光滑，水垢的产生会阻碍发动机的正常运行，从而导致发动机的损坏。

第四，易产生腐蚀，水中含有各种金属离子和细菌，这些物质在金属表面容易产生腐蚀，最终导致发动机的损坏。

图2　使用水后的发动机缸套

第三课 玻璃水的分类及使用

玻璃水也称汽车玻璃风窗清洗液，市场上的玻璃水可分为三种：一种是夏季常用的普通玻璃水，在清洗液里增加了除虫胶成分，可以快速清除撞在挡风玻璃上的飞虫残留物；一种专为冬季使用的防冻型玻璃水，保证在外界气温低于零下20℃时，依旧不会结冰冻坏车辆的相关零部件；还有一种是特效防冻型，保证在零下40℃时依旧不结冰，适合我国北部的严寒地区使用。

与其他的养护项目相比，汽车挡风玻璃清洗的确是一个小工作。但是它却和您的驾驶视线息息相关，所以在使用玻璃水的时候以下几点不能忽视：

（1）使用玻璃水清洗挡风玻璃的时候，要关闭车窗，避免水滴溅到车内，在使用前还要提前观察下路况，避免因视线受阻发生意外。

（2）玻璃水属于快速消耗品，汽车上的玻璃水罐的容积大多为2~4L，加满后可以用1~2个月，如果你的车还有大灯清洗功能，那么玻璃水消耗的会更快一些。

图1 昆仑之星玻璃水

（3）大多数车型上的玻璃水导管都是可变形的软质材料，长期使用可能会出现断裂情况。带后雨刷的车型，因为经常开后舱门，更容易出现导管磨损的现象，所以各位车主在平时使用时要多加注意了。

第四课 刹车液的分类和选用

刹车液，又名制动液。它是一种用于汽车液压制动系统中传递压力，使车轮制动器实现制动作用的功能性液体。刹车液分为三种类型：醇型、矿油型和合成型。

其中醇型与矿油型已经淘汰，市面上的刹车液为合成型。合成型刹车液是由聚醚、水溶性聚酯和硅油等为主体，加入润滑剂和添加剂组成。根据基础油的组成不同，合成型刹车液又分为醇醚型、酯型和硅油型，但使用最多的是醇醚型和酯型。

其中醇醚型常见的为DOT3，其化学成分为低聚乙二醇或丙二醇。低聚乙二醇或丙二醇具有较强的亲水性，所以在使用或贮存的过程中其含水量会逐渐增高，制动性能会随之下降。

酯型常见的为DOT4，是在醇醚型的基础上添加大量的硼酸酯制成的。硼酸酯是由低聚乙二醇或丙二醇通过和硼酸的酯化反应而制成。硼酸酯的沸点比低聚乙二醇或丙二醇更高，所以其制动性能更好。硼酸酯还具有较强的抗湿能力，能分解所吸收的水分，从而减缓了由于吸水而导致的沸点下降。所以酯型性能比醇醚型更好，价格也更高。

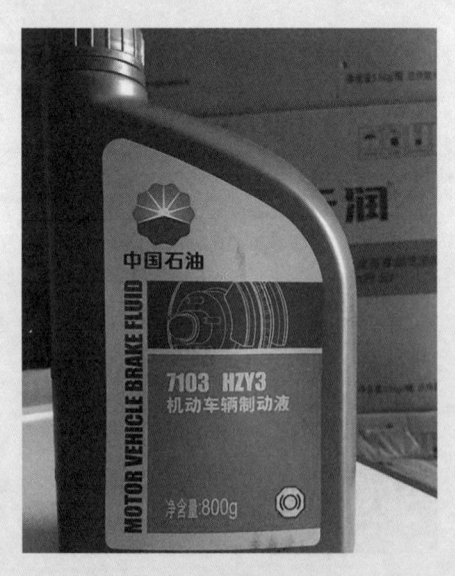

图1 刹车液

硅油型常见的为DOT5，化学成分为聚二甲基硅氧烷。它的沸点在这三类中是最高的，所以价格也最贵。由于聚二甲基硅氧烷具有很强的疏水性，几乎不吸水，若有水分进入其管道内会导致车辆的制动性能急剧下降，应用范围较窄。

刹车液关乎车辆的制动，为了车辆的安全，在使用中需要注意以下5个方面：（1）不同类型和不同品牌的刹车液绝不能混合使用；（2）刹车液吸入水分或有杂质时，应及时更换或过滤，否则会造成制动压力不足，影响制动效果；（3）车辆正常行驶4×10^4km或刹车液连续使用超过2年后，刹车液很容易由于使用时间长而变质，要及时更换；（4）车辆正常行驶中，若出现制动忽轻忽重时，要对刹车液及时更换，在更换之前先用酒精将制动系统清洗干净；（5）车辆制动出现跑偏时，要对制动系统进行全面检查。

第五课　冷却液市场注意事项

珠三角地区冷却液市场，存在大量的水箱宝产品，主要由水和添加剂组成，产品质量参差不齐。该类产品的颜色主要以绿色和红色为主，这两种颜色也是大多数冷却液的颜色。在更换时，一般销售人员建议同种颜色可以替换。然而，水箱宝常出现防腐蚀性差、容易产生水垢等问题，不宜给司机推荐。

西南地区，消费者的品牌意识较强，市场上基本是一些主流品牌或被广大消费者认可的当地品牌，产品质量较高，产品的冰点以-25号和-30号为主。市场上也存在一些水箱宝产品，但只有大卡车、农用四轮车等使用，其优势主要为价格低。

图1　水箱宝

西北市场的冷却液主要以-40号产品为主，消费者普遍认可昆仑、长城等国内大品牌。市场上的假货也比较多，然而由于当地气候的原因，水箱宝产品较少。

冷却液在不同地区均存在大量的小品牌和水箱宝等产品，其产品质量参差不齐，消费者应选择大品牌冷却液产品。冷却液关系发动机的性能和寿命，使用冷却液时还需要注意以下几点：

（1）根据汽车使用地区的气温，选用不同冰点的冷却液，冷却液的冰点至少要比该地区最低温度低10~15℃，以免失去防冻作用。

（2）坚持常年使用冷却液，注意冷却液使用的连续性。

（3）针对各种发动机具体结构特点选用冷却液种类，强化系数高的发动机，应选用高沸点冷却液；缸体或散热器用铝合金制造的发动机，应选用含有硅酸盐类添加剂的冷却液。

第六课 | 汽车风窗玻璃清洗液冰点的选择

玻璃水产品的选择，在春夏季节要特别注意其清洗和防护功能；冬季则需要注意其防冻能力，这主要体现在产品冰点数据的高低上，冰点越低，防冻能力越强。但无论冬夏，玻璃水本身的健康特性越来越受到消费者关注。

玻璃水产品主要通过调整体系中醇的种类及含量，以达到所预期的冰点数值。常用的醇有甲醇、乙醇及乙二醇，在一定范围内醇含量上升，冰点降低，且甲醇降低冰点的能力强于乙醇、乙二醇。当甲醇在水溶液中的体积分数为47%时，溶液的冰点近-40℃，基本可以满足全国大部分地区冬季的使用需求；乙醇降低冰点的能力相对较弱，如使溶液的冰点达到-40℃，乙醇在水溶液中的体积分数约占64%。另外，相比于乙醇、乙二醇，甲醇价格较低，以甲醇、水为溶剂的玻璃水产品占据着市场上的主导地位，但甲醇对人体特别是眼睛和肝脏的损害不容忽视。

冰点越低，必然带来醇含量增加或主要靠甲醇实现，过高的醇含量会增强对树脂的腐蚀。真正按照GB/T 23436—2009《汽车风窗玻璃清洗液》附录F的要求，对甲醇、乙醇、乙二醇及水四种溶剂进行对聚乙烯树脂（PE）、聚丙烯树脂（PP）、轻质聚氯乙烯树脂（PVC）、ABS树脂及聚甲醛树脂（POM）等5种塑料试片的影响检测，就可以发现在甲醇、水体系中，当甲醇含量大于60%，乙醇、水体系中，乙醇含量大于50%时，溶剂对POM、PVC、ABS腐蚀数据超过了指标要求。

由此可以看出，我们在选择和推荐产品时，要真正从用户利益出发，综合考虑健康和防冻的要求，并非冰点越低越好，选择适合环境温度的玻璃水，一般产品冰点比环境温度低10℃即可，这就是昆仑只推出健康型-10℃和-30℃产品，而不去抢更低冰点风头的初衷。

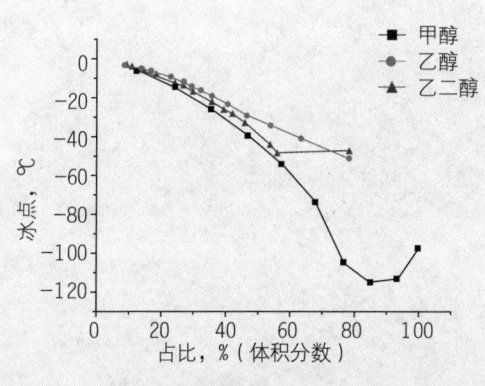

图1 冰点与溶剂体积占比关系图

**Lubricating Oil, Grease
and Auxiliary Products for
Automobile and Ship**

第九章 摩托车润滑油及其应用

Chapter 9

中国摩托车工业自20世纪90年代开始快速发展,已形成了完整的开发、生产及营销体系,并拥有相当一部分独立自主的知识产权,成为世界摩托车产销第一大国。同时,农村城镇化建设和农村经济的快速发展,也促进了摩托车生产企业的迅速发展。自2007年以来,中国摩托车凭借性价比优势,占据全球摩托车销量的比例已超过50%。据统计,2005年至2016年6月我国摩托车销量达26681万辆,如果摩托车的保有量按1亿辆计,每辆摩托车每年换油两次,每次按0.85kg计算,每年摩托车润滑油的需求量将达16×10^4t。但摩托车润滑油的使用等级始终停留在低档的APISE、SF,黏度等级基本在15W-40、20W-50的低档水平,对摩托车润滑油的认知比较模糊,基本是用汽油机油替代。

近年来,受国内摩托车排放法规的影响,我国摩托车市场在逐渐发生变化,助力车、小排量摩托车产销量自2011年以来持续下降,但以休闲娱乐为主要目的250cc及以上排量摩托车增速明显,市场空间不断增大,产品车型逐年增多。随着消费者对摩托车的外观设计、性能和安全性有了更高的要求,中、大排量摩托车市场的娱乐性和个性化特征逐步显现。摩托车技术已由原来的化油器技术转变为电喷甚至直喷技术,新技术对摩托车润滑油提出了更高的要求,摩托车润滑油和普通汽油机油的区别日益明显,无论是终端客户还是摩托车制造企业对摩托车润滑油都有强烈的认知渴望。

本章正是为了满足市场对摩托车润滑油认知的渴望,分别从摩托车润滑油的分类、摩托车润滑油的标准、摩托车润滑油和汽油机油的异同、汽油机油能否替代摩托车润滑油等问题从原理和实践上给出了答案,并根据摩托车技术的发展预测摩托车润滑油的发展趋势。

第一课 摩托车润滑油的分类

我国是世界上最大的摩托车生产国,年产量有时达到2000万辆,拥有世界上最大的摩托车市场,保有量约1亿辆。但长期以来我国的摩托车技术始终处于中低档水平,随着社会经济的发展,环保法规的日益严格,我国的摩托车技术有了跨越式发展,对摩托车润滑油的要求越来越严格。

摩托车按发动机结构可分为二冲程摩托车和四冲程摩托车,相对应有二冲程摩托车润滑油和四冲程摩托车润滑油。

二冲程摩托车润滑油润滑原理为油雾润滑,即把润滑油按1∶50~100的比例与汽油混合后进入发动机。汽油首先气化,与润滑油分离,润滑油油雾润滑活塞、缸套、曲轴和连杆等摩擦副,然后与汽油一起到燃烧室内燃烧,其中部分未燃烧的和废气一起排出汽油机。润滑油为一次性使用。

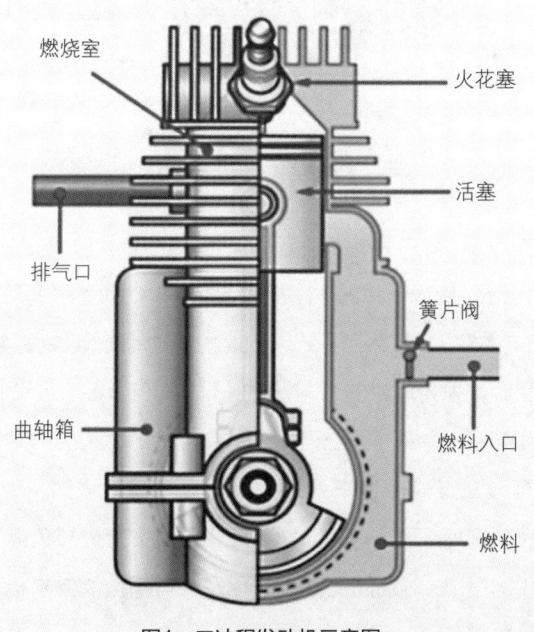

图1 二冲程发动机示意图

四冲程摩托车发动机采用的是一体润滑方式，统一使用摩托车润滑油润滑。通过机油泵从曲轴箱底部将润滑油吸入后输送到发动机所需要润滑的各个部位，如曲轴轴箱、凸轮轴承、配气机构、离合器、变速齿轮等，参与润滑后润滑油又顺着油道流回曲轴箱底部，可以循环使用。

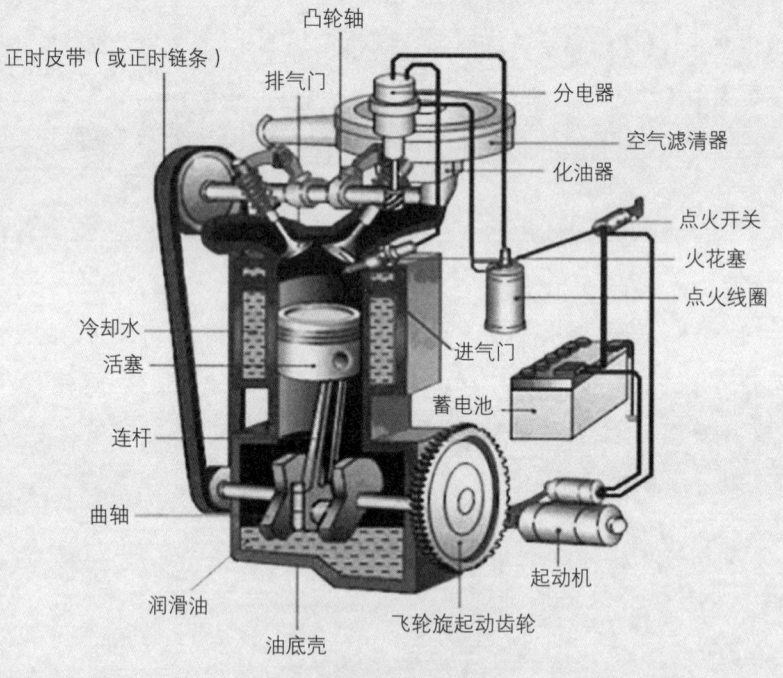

图2 四冲程发动机示意图

摩托车润滑油按摩擦特性可分为较高摩擦系数的MA和较低的MB两种类型。多数摩托车采用湿式离合器，应采用摩擦特性较大的MA油（动摩擦特性指数DFI≥1.35且<2.50；静摩擦特性指数SFI≥1.45且<2.50；时间制动指数STI≥1.40且<2.50）；部分踏板车使用干式离合器，采用摩擦特性较小的MB油（DFI≥0.40且<1.35；或SFI≥0.40且<1.45；或STI≥0.40且<1.40）。

按摩托车用途可分为普通摩托车润滑油和专业赛车润滑油，专业赛车加速极快，如400cc摩托车加速到100km只需5~6s，发动机处于高负荷或超负荷下工作，油箱温度极高，有时高达180℃，所以对油品的高温性能及抗剪切性能要求极高，必须使用专门的赛车润滑油。

第二课　四冲程摩托车润滑油标准

多年来，四冲程摩托车润滑油曾长期使用对应的车用汽油机油标准。随着汽车节能技术的发展和环保法规的要求，市场上越来越广泛的使用具有节能性能的汽油机油，节能型汽油机油由于配方中含有减磨剂而不能满足四冲程摩托车离合器系统的摩擦特性要求，日本汽车标准组织（Japan Automobile Standards Organization简称JASO）于1998年首次公布四冲程摩托车润滑油标准即JASO T903，之后进行了多次修订，成为国际公认的摩托车润滑油标准。JASO T903四冲程摩托车润滑油标准由发动机油性能、理化性能和摩擦特性三部分组成。

表1　轻负荷发动机润滑油质量级别

标准	等级
API	SG、SH、SJ、SL、SM、SN
ILSAC	GF-1、GF-2、GF-3
ACEA	A1/B1、A3/B3、A3/B4、A5/B5、C2、C3、C4

表2　四冲程摩托车润滑油主要理化性能

性质	要求
硫酸盐灰分，%	≤1.2
蒸发损失，%	≤20
抗泡性能（泡沫倾向性/泡沫稳定性），mL/mL	
24℃	≤10/0
93.5℃	≤50/0
后24℃	≤10/0
磷含量，%	0.08～0.12
剪切稳定性（30循环）剪切后100℃运动黏度，mm²/s	XW-30＞9.0 XW-40＞12.0 XW-50＞15.0 其他等级保持在原黏度等级内
高温高剪切黏度，mPa·s	≥2.9

表3　四冲程摩托车润滑油摩擦学特性

性质	MA	MA2	MA1	MB
摩擦特性指数	≥1.35且＜2.50	≥1.50且＜2.50	≥1.35且＜1.50	≥0.40且＜1.35
静摩擦指数	≥1.45且＜2.50	≥1.60且＜2.50	≥1.45且＜1.60	≥0.40且＜1.45
停止时间指数	≥1.40且＜2.50	≥1.60且＜2.50	≥1.40且＜1.60	≥0.40且＜1.40

第三课 | 摩托车润滑油和汽油机油的异同

JASO T903四冲程摩托车润滑油规格中摩托车润滑油和汽油机油的相同之处就是质量等级都遵循API、ACEA、ILSAC规格标准，黏度等级执行SAE J300规格标准。

摩托车润滑油和汽油机油的不同，主要是四冲程摩托车结构和润滑方式不同所决定，摩托车的发动机、离合器和传动齿轮"三位一体"用同一种摩托车润滑油润滑，这种特殊方式决定了摩托车润滑油增加了摩擦特性要求、特殊指标要求及磷元素含量等要求的不同。

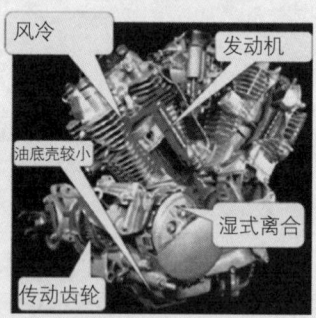

图1 汽油发动机与摩托车发动机的区别

摩擦特性是摩托车润滑油区别于汽油机油的显著特性。JASO T903：1998标准中只有MA和MB两个摩擦特性等级，随着摩托车技术的发展和节能环保的要求，2006版中又增加了MA1和MA2两个等级以适应不同技术发动机的需要。

JASO T903规定摩托车润滑油磷含量范围为0.08%～0.12%，区别于汽油机油的不同质量等级磷含量要求不同的特点。这主要是为保证摩托车润滑油中抗磨损有效组分磷的含量，确保摩托车润滑油所需要的苛刻的抗磨损性能；汽油机油从API SM开始磷含量就低于摩托车润滑油的要求。

表1 汽油机油与摩托车润滑油在磷元素含量上的区别

名称	磷含量	
	摩托车润滑油	汽油机油
API SF、SG、SH	0.08%～0.12%	≤0.12%
API SJ、SL		≤0.10%
API SM、SN		0.06%～0.08%

第四课 | 汽油机油不宜替代摩托车润滑油使用

大家一直有这样的疑问——汽油机油可以替代摩托车润滑油使用吗？在1998年之前，没有摩托车润滑油的规格，摩托车润滑油执行汽油机油规格标准，后来JASO T903规格中虽然对于摩托车润滑油的特性指标有明确要求，但相比汽油机油指标限值并不明显，更加深了对这个问题的疑问。

对于"汽油机油能不能替代摩托车润滑油"的问题，首先应该从汽车发动机和摩托车发动机的主要差异及对润滑油的性能要求进行分析。

表1 汽车发动机与摩托车发动机的区别

项目	四冲程摩托车发动机	轿车用发动机
转速，r/min	7000~12000	3000~6000
齿轮润滑	摩托车油	齿轮油
排量	几十到几百毫升，多为单缸	1升至多升，多缸
冷却方式	多为空冷，也有水冷	水冷
离合器	与曲轴箱连通润滑	与曲轴箱分开
机油量	1L左右	3L以上

摩托车发动机的转速远远高于轿车，因此产生的热量多于轿车；自然风冷的冷却效果要差于循环水冷；机油量小，带走的热量低于轿车机油带走的热量。因此摩托车润滑油的使用温度要高于汽油机油，轿车润滑油温度在90℃左右，而摩托车曲轴箱温度在100℃左右，缸头上甚至能达到180℃。摩托车润滑油需要更优异的高温性能。

由于转速较高，曲轴对润滑油的剪切要频繁；同时摩托车润滑油需要接受齿轮的剪切，因此摩托车润滑油承受的剪切应力高于汽油机油，摩托车润滑油需要更好的抗剪切性能。

摩托车离合器需要摩托车润滑油润滑，因此对摩托车润滑油的摩擦特性要求适宜，太大或太小会造成离合器换挡迟缓或离合器打滑，由此可以看出，摩托车润滑油不宜用汽油机油替代。

随着汽油机油的发展，节能和环保成为汽油机油的主体，一方面磷含量等已经不能满足JASO T903摩托车润滑油规格标准；其次，汽油机油从SH开始有节能要求，配方中开始加入减摩剂以改变油品的摩擦性能，达到节能的目的，由于配方加入的减摩剂改变了油品的摩擦特性，不能保证离合器的使用性能，最好不要替代摩托车润滑油使用。

第五课　摩托车润滑油发展趋势

（1）二冲程摩托车润滑油。由于对环境保护的重视，对机动车排放要求越来越严格，二冲程摩托车已经很少，二冲程摩托车润滑油主要用在雪橇机、除草机及舷外机等特殊用途机器上。因此二冲程摩托车润滑油的应用在逐渐减少，并且有向四冲程发展的趋势，比如舷外机油由原来的二冲程TC-W3在向四冲程FC-W发展。

图1　二冲程割草机

（2）四冲程摩托车润滑油。随着节能及排放的要求日益严格，摩托车技术也有了跨越式发展，对摩托车润滑油的性能要求正在提高，摩托车润滑油逐渐向专用油、差别较大的多等级并存和节能方向发展。

（3）专用油。随着摩托车技术的发展，人们对摩托车润滑油认识的逐渐提高，为更好地保护摩托车发动机，延长摩托车使用寿命，人们正在有意识使用OEM摩托车专用油或厂家推荐用摩托车润滑油。

（4）多等级。我国摩托车保有量约有1亿辆，并且摩托车技术处于不同层次，为让用户有更多选择，满足不同层次客户的需求，同时也为获得高额的利润，市场上的摩托车润滑油存在从低档的SF到高档的SM、SN不同等级，20W-50、15W40、10W-30、10W-40多个黏度等级并存的现象。

（5）向节能方向发展。随着节能趋势的发展和环保法规的日益严格，对摩托车的节能要求已经提上了日程，国家第四阶段排放法规对摩托车及摩托车润滑油节能有了明确要求，具有节能效果的MA2（静摩擦特性指数DFI≥1.50且＜2.50；动摩擦特性指数SFI≥1.60且＜2.50；时间制动指数STI≥1.60且＜2.50）摩托车润滑油已经正在使用并且在逐渐增加。

图2　弦外发动机驱动的游艇

**Lubricating Oil, Grease
and Auxiliary Products for
Automobile and Ship**

第十章

船舶润滑油及其应用

Chapter 10

船用润滑油按照其使用的发动机类型及润滑部位不同，可分为气缸油、系统油和中速机油三大类。其中气缸油润滑低速二冲程十字头柴油发动机的"缸套—活塞环"部位；系统油润滑低速十字头柴油发动机的曲轴箱部位，并对活塞头实施冷却；中速机油润滑四冲程筒状活塞柴油发动机的"缸套—活塞环"以及曲轴箱部位。

全球船用润滑油消费量约为200×10^4t/a，其中国际市场占70%，约为140×10^4t/a；中国市场约占30%，为60×10^4t/a，气缸油消费量约占50%，中速机油消费量约占40%，系统油消费量约占10%。

船舶发动机制造商中，曼恩和瓦锡兰两大OEM在低速船舶发动机市场占有主导地位；而中速船舶发动机市场则相对分散，以瓦锡兰、曼恩、马克、卡特匹勒和康明斯为代表的OEM呈"群雄逐鹿"的形势。

本章共11课，从船用发动机技术、环保法规及船用燃料、船用油技术及分类、船舶发动机磨损形式和油样监测分析等五个方面，简明系统地阐述了船用润滑油相关的技术和应用问题，以期为船用油营销服务人员及产品终端客户，解决实际应用中对设备和润滑知识的盲点和误区，倡导科学的选油和用油理念。

第一课 | 船舶发动机及其分类

船舶发动机按照在船舶中的作用，可以分为主机和副机，主机驱动螺旋桨，副机驱动发电机；按照发动机转速一般分为低速柴油发动机、中速柴油发动机和高速柴油发动机；按照发动机燃烧循环可以分为二冲程和四冲程柴油发动机。二冲程柴油发动机每个工作循环曲轴转一转；进气过程在下止点附近完成，进气过程包含在排气过程中，进气的同时还可帮助排气，此称为扫气。四冲程柴油发动机每完成一个工作循环，曲轴要回转两转，每个工作循环中只有膨胀行程是对外做功的。

低速柴油发动机转速低、缸径大、冲程长、输出功率大，一般采用直列气缸、二冲程、十字头结构。用沿导板滑动的十字头连接活塞杆与连杆，活塞通过活塞杆经十字头与连杆连接，导向作用由十字头承担。低速机用作主机时可以直接驱动螺旋桨，还能反转、省去减速齿轮箱等设备，降低成本，主要大型船舶都以低速机作为主机。低速机品牌非常集中，世界主要三大低速机生产商为曼MAN、中船温特图尔（收购瓦锡兰二冲程业务）、日本三菱重工。

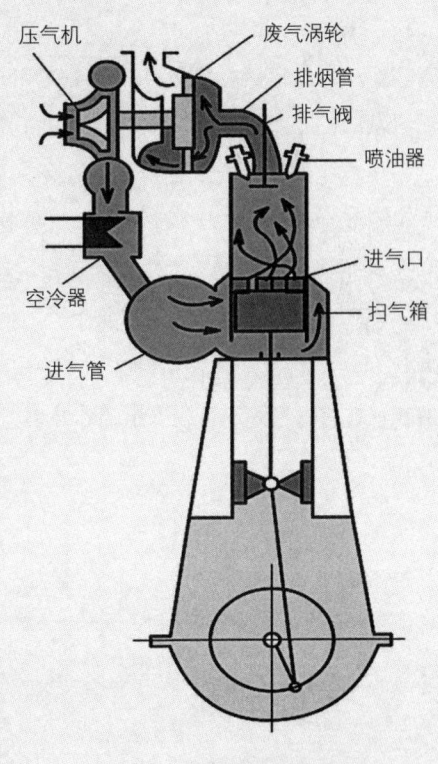

图1 低速柴油发动机

电控技术也在船舶柴油机上得到广泛应用，相比较传统凸轮轴控制燃油喷射，电喷能够使主机燃烧控制更准确，效率更高，更低碳，能有效控制和满足排放标准。电控主机与传统主机最大区别是取消了凸轮轴，燃油泵和排气阀、气缸润滑的动作均由电子系统进行控制。

中速机一般常用作驱动发电机的副机；但在内河航运船舶、近海航运船舶、工程疏浚船、公务船舶中也常用作主机，此时由于其转速较高，需要通过减速齿轮箱带动螺旋桨，或者直接配备可变螺距螺旋桨。中速机生产商相对分散一些，有瓦锡兰Wartsila、曼MAN、马克Mark、洋马和大发柴油机等。

近年来LNG（液化天然气）作为清洁能源逐渐得到业内认可，但LNG基础设施尚不完善，船舶自身存储能力有限，单纯使用LNG船舶续航力有限，在这种背景下，四冲程双燃料发动机应运而生，逐渐应用到船舶上。

燃烧液化天然气成本更为低廉，另一方面全球天然气的储量非常丰富，双燃料动力主机既能在单一燃料状态下工作，又能在双燃料间方便地转换，具有极强的灵活性，有利于船舶利用传统燃油供应点的覆盖网络提高续航能力。双燃料动力船舶在运营过程中，主机以燃烧LNG为主，柴油作为引燃燃料，仅为现有使用柴油机船舶耗油量的10%~15%；可以实时控制引燃柴油量、天然气喷射量和喷射缸数，使主机达到最低燃料消耗；在气体模式下可以满足国际海事组织三级排放要求，大幅减少排放。

第二课 | 船用柴油发动机与陆用柴油发动机区别

船用柴油发动机因其体积功率大、燃烧重油、带动螺旋桨等特点，与陆用柴油发动机在启动系统、燃油系统、冷却系统和转向系统四个方面都显著不同。

（1）启动系统。陆用柴油发动机启动通过启动马达带动飞轮完成，而对于二冲程柴油发动机或者大型四冲程柴油发动机，扭矩很大，通过飞轮不能达到发火转速。启动方式通过压缩空气加在活塞上，将具有 2.5~3.0MPa 压力的压缩空气按柴油发动机的发火顺序在膨胀行程之初引入气缸，代替燃气推动活塞，使柴油发动机达到启动转速，完成自行发火。

船用发动机的启动系统启动能量大，迅速可靠，同时兼具制动功能，倒顺车运转时还可以利用压缩空气来刹车和帮助操纵。启动系统主要设备包括：压缩空气瓶：提供压缩空气；启动控制阀：利用控制空气，控制主启动阀和空气分配器；主启动阀：向气缸启动阀提供压缩空气；气缸启动阀：每缸一只，向缸内充入压缩空气；空气分配器：控制气缸启动阀的开启。

（2）燃油系统。燃油费用支出约占船舶营运成本的 50%，为节省费用，通常燃用质量较差的重油，需对重油进行净化处理，包括加热、沉淀、过滤和离心分离、供给，核心设备是对燃油进行离心分离的分油机。

分油机利用燃油、水分和机械杂质的密度不同，让需净化的油进入分油机中作高速旋转，由于离心惯性力不同，会沿径向重新分布，密度较大的水滴和机械杂质所受的离心力最大，被甩向外周，油处于中间，从靠近转轴的出口流出，得到净化。

（3）冷却系统。陆用柴油发动机一般利用风扇对冷却液进行冷却，而船用冷却系统则复杂很多，包含高温淡水系统、低温淡水系统、海水系统。海水系统冷却低温淡水，低温淡水冷却再高温淡水，低温淡水用于空气、润滑油冷却，高温淡水用于缸套水和涡轮增压器冷却。

在启动柴油发动机前，对柴油发动机冷却系统、滑油系统进行预热，俗称暖机，目的是减小启动后由于温度突变产生的热应力；改善启动性能和发火性能；减少气缸内的低温腐蚀等。并启动冷却水循环泵、滑油循环泵给机体各部件加温和向各运动摩擦表面供应滑油。

（4）换向装置。陆用柴油发动机不具备换向功能，而对于直接和螺旋桨相连接的船用柴油发动机就具有换向功能，只要柴油发动机先停车，然后反向启动就可以实现反方向运转。为此，船用柴油发动机装备一套换向装置，可以改变启动正时、喷油正时和配气正时，以满足反向启动和反向运转对正时的需求，也就是通过凸轮控制，以解决柴油发动机换向需要改变空气分配器、喷油泵和进、排气阀等凸轮与曲轴相对位置的问题。

第三课 船用润滑油的分类

船用润滑油主要包括大型低速十字头二冲程柴油发动机使用的气缸油和系统油，中速筒状活塞柴油发动机使用的中速机油，以及高速四冲程柴油发动机使用的高速发动机油。

（1）气缸油。用于润滑船用低速十字头二冲程发动机气缸。二冲程船用发动机功率大、转速慢，通常使用高硫重质燃料，在燃烧过程中会产生大量的酸性物质，容易腐蚀缸套和活塞环，并加速磨损。气缸油一般要求有良好的清净分散性，良好的承载特性和边界润滑性，良好的酸中和能力和快速的扩散性能，目前主流黏度牌号为SAE50，碱值根据燃料油硫含量的不同有25BN、40BN、70BN和100BN等。

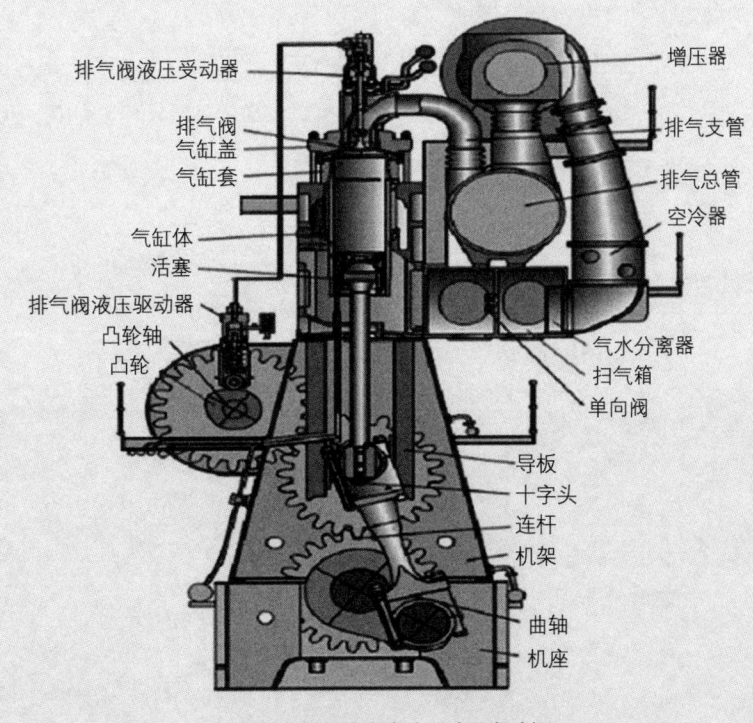

图1　船用低速十字头二冲程发动机

（2）系统油。用于低速十字头二冲程柴油发动机曲轴箱的润滑。系统油容易受到海水、油泥等污染，加之船东有长周期使用的要求，一般需要良好的抗乳化能力并容易与水分离；良好的氧化安定性；良好的清净分散性；良好的抗锈蚀性能和较好的承载能力，常用主流黏度为SAE 30，碱值通常为5~10BN。

（3）中速机油。用于中速筒状活塞式柴油发动机润滑。船用中速机可多到20个缸，成对排列或V形，经减速齿轮箱或推进器连接，润滑油润滑活塞、轴承等，同时也要润滑齿轮箱。发动机燃料一般为重质柴油或燃料油，要求中速机油具有良好的氧化安定性；足够的碱值，以中和酸性物质，防止腐蚀磨损；优良的清净分散性；良好的分水性能等，主流产品黏度为SAE40，碱值通常为12~40BN。

表1 中速机燃料硫含量与总碱值关系

燃油硫含量，%	中速机油总碱值，mg KOH/g
3.5~4.0	≥40
1.0~3.5	30
0.5~1.0	12/15

（4）船舶高速发动机用油。高速四冲程柴油发动机常作为高速渡船、缉私船和高速渔船等的动力，或者用作船上辅助发电机、应急救生设备等。这些发动机一般可选用CF-4或CD等质量级别的柴油机油，要求较高的碱值、清净分散力、抗氧抗磨性等，能有效地将烟及氧化物分散在油中，避免沉积在机械表面，延长润滑油的使用寿命。

第四课 | 船用燃料油标准ISO 8217及燃料切换

船用燃料油主要用作远洋船舶和航行于沿海沿江大型船舶的燃料，根据GB/T 17411同时参照ISO 8217规定，船用燃料油分为馏分型和残渣型两类。

防污公约附件Ⅵ对硫排放控制区SECA的硫含量限制要求，要求驶入SECA区域船舶使用低硫馏分油，但考虑成本，船东在非SECA区域还会使用残渣型重质燃料，残渣燃料和馏分燃料之间的转换至关重要。

最新国际标准ISO 8217：2017，对燃料油硫含量等指标进行了要求，从2015年开始，船只在进入SECA之前，必须从最高硫含量为3.5%（质量分数）的残渣油，转换到最高硫含量为0.1%（质量分数）的馏分油。相反地，当驶离SECA，考虑到降低燃料成本，通常会切换回残渣油，除非立即又返回SECA。大多数运营商均在残渣燃料和馏分燃料相互切换上有经验，规定在接近或驶离SECA边界时，燃料转换必须在航行时完成，强制规定了船上必须有详细的实施程序和充分的记录，要求船员熟悉操作规程，目前已经有自动燃料转换系统，但也可以手动完成。

表1 馏分型燃料油

	DMX	DMA	DFA	DMZ	DFZ	DMB	DFB
S[①]，%		≤1.0		≤1.0		≤1.0	≤1.5
润滑性[②]（在60℃时的磨斑直径），μm		≤520		≤520		≤520	≤520

①随着标准提升，馏分油硫含量要求逐步严苛；②根据试验环境把钢球的磨斑直径校正到标准状况下的数值表示。

表2 残渣型燃料油

	RMA 10	RMB 30	RMD 80	RME 180	RMG 180 380 500 700	RMK 380 500 700
S，%	与法律法规有关					
V[①]，mg/kg	50	150	150	150	350	450
Al+Si[②]，mg/kg	25	40	40	50	60	60

①元素V与沥青质螯合有关，容易形成"黑色油泥"；②Al+Si在炼油过程中来源于催化剂。

第五课　国际海洋环保法案及硫排放控制区SECA

伴随着国际海事组织公布越来越严格的法规，排放成为船运业发展需要重点考虑的因素之一。欧盟和美国加利福尼亚州还在国际海事组织法规基础上，制定了更为苛刻的排放法规限制船舶对环境的污染。

国际海事组织的防污公约附件VI是迄今为止对国际船运业影响最为深远的国际性海洋法规，明确了在公共海域和硫排放控制区SECA执行不同的燃料要求。

表1　国际组织对燃料中硫含量的限值

时间	2009.12.31之前	2010.1.1—2014.12.31	2015.1.1以后
SECA硫含量要求	<1.5%	<1.0%	<0.1%
时间	2011.12.31之前	2010.1.1—2014.12.31	2015.1.1以后
公海对硫含量要求	<4.5%	<3.5%	<0.5%

最早进入SECA区域的地区为波罗的海、北海和英吉利海峡；北美地区和加勒比海地区分别于2012年8月1日和2014年1月1日申请加入SECA区域，两个地区在2016年正式进入SECA区域。

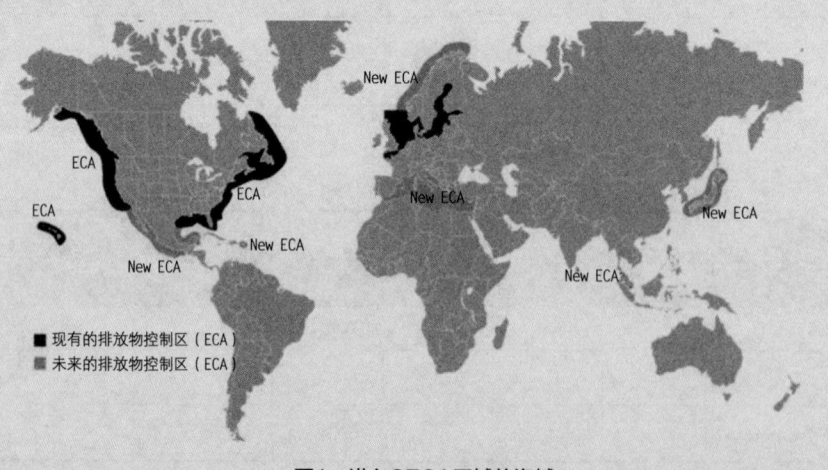

图1　进入SECA区域的海域

《欧盟立法2012回顾》，除最新防污公约附件VI内容之外，还包含从2020年1月1日起，在SECA区域以外的欧盟海域内，燃料硫含量从3.5%降低到0.5%；对于停靠船舶的燃料硫含量限制仍然为不超过0.1%。高于3.5%含硫燃料只能售卖并使用在装载有废气净化系统的船舶上；从2011年1月1日起，内河航运船舶使用的燃料硫含量不高于10μg/g。

加利福尼亚空气资源委员会ARB规定，在加利福尼亚（或其群岛）海岸线延伸24海里范围区域内，只能使用特定指标和硫含量的馏分柴油，除了试验研究之外，不允许后处理技术的船只应用于该区域。

表2 欧盟对燃料中硫含量的限值

日期	船用燃料（MGO）	船用燃料（MDO）
2009.7.1	≤1.5%	≤0.5%
2012.8.1	≤1.0%	≤0.5%
2014.1.1	≤0.1%	≤0.1%

第六课 | 生物可降解艉轴油两大核心要求

美国环保局颁布的船舶通用许可VGP（vessel general permit）要求，从2013年以后，在美国水域（广义上是指据美国海岸3英里内的任何地方）大于79ft商用船舶上可能与海水接触的设备使用的油品必须为生物可降解产品，其中船舶艉轴用油需求最为迫切。满足VGP的生物可降解艉轴用油有两大核心要求：一是美国环保局VGP备案，二是艉轴OEM认证。随着人们对环境问题的日益关注，世界各地也会纷纷推出各自的"VGP法规"，生物可降解艉轴用油需求必将大大增加。

VGP备案需要获得诸如"Blue Angel, European Ecolabel, Nordic Swan, the Swedish Standard SS 155470"等环保标志认证，需要通过生物可降解实验、生物毒性实验和生物积聚性实验。

艉轴OEM认证，主要进行橡胶相容性试验，Wartsila Japan的艉轴和Wartsila发动机组合供应，而Kemel和B+V（SKF）与MAN发动机组合供应，以上三家OEM基本占据了船舶艉轴市场80%的份额。

表1　生物可降解油品典型环保测试方法与要求

测试方法	典型的环保测试	要求
OECD 301B	生物降解性能测试	油品总生物可降解率60%以上
OECD 201	海藻生物毒性	含量0.1%以上物质均要进行，对有毒性物质限制其加量
OECD 202	无脊椎动物生物毒性	
OECD 203	有脊椎动物（鱼类）生物毒性	
OECD 117	在生物体的脂肪组织的有机物积累	不能有生物积聚性
OECD 107	在生物体的脂肪组织的有机物积累	

表2　艉轴OEM认证条件

	Wartsila Japan	Kemel	B+V（SKF）
密封材料	Viton（传统）/BIO seal（新型）	Viton（传统）	Viton（传统）
纯油品	纯油品试验（一般为酯类油）		
条件	一般ISO VG 68或者100		
	24h、150℃	168h、175℃	168h、130℃
乳化液试验	乳化液试验（考虑海水侵入）		
	一般70%油+30%水		
条件	672h、80℃	168h、175℃	168h、130℃
台架试验	台架试验（苛刻性验证）		
	无	无	1000h轴承试验

第七课 | 船舶发动机"缸套—活塞环"的典型磨损

从磨损的基本诱因上分析,船舶发动机"缸套—活塞环"部位包括以下四种典型磨损形式:(1)疲劳磨损,是摩擦表面在接触区产生较大的变形和应力,并形成裂纹而被破坏的现象,疲劳磨损属于机械部件在正常范围内的摩擦损耗;(2)磨粒磨损,是质地坚硬颗粒物在相对运动摩擦副表面引起擦伤及表面材料脱落的现象,过度的磨粒磨损会使发动机缸壁抛光,直接导致润滑油在缸壁表面难以形成稳定油膜,造成磨损加剧,燃料中铝和硅是导致磨粒磨损的主要诱因;(3)黏附磨损,是由于外界压力加大或者润滑介质失效时,摩擦副对偶表面发生"黏附",黏附磨损是非常严重的磨损类型,会导致缸套表面特殊材质涂层的剥落,对发动机正常操作造成严重危害;(4)腐蚀磨损,是摩擦副对偶表面在相对运动过程中,表面材料与周围介质发生化学或电化学反应,并伴随机械作用而引起的材料损失现象,在腐蚀磨损严重的情况下,缸壁表面材质会发生剥落,甚至在摩擦副对偶表面发生相对运动时,表面涂层会失去原有材料特性从而被严重破坏。

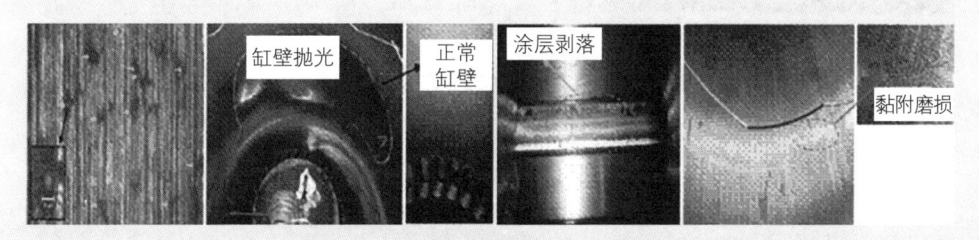

图1 船舶发动机缸套/活塞环典型失效模式

确定上述几种摩擦形式,对研究船用油在低硫燃油和低载荷条件下摩擦副的摩擦特性,寻求降低磨损的方案,延长发动机部件使用寿命具有重要意义。以上几种磨损形式主要发生在混合润滑和边界润滑区域,通过改进添加剂配比,可以提高润滑油的抗机械磨损及抗腐蚀磨损能力,能够在实际操作中延长机械部件使用寿命。

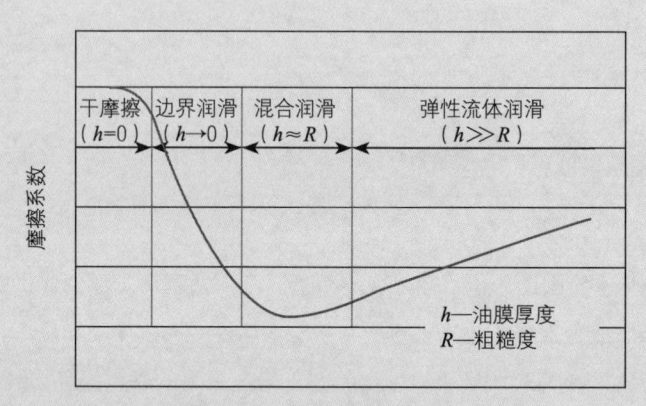

图2　Stribeck曲线中各润滑区域划分

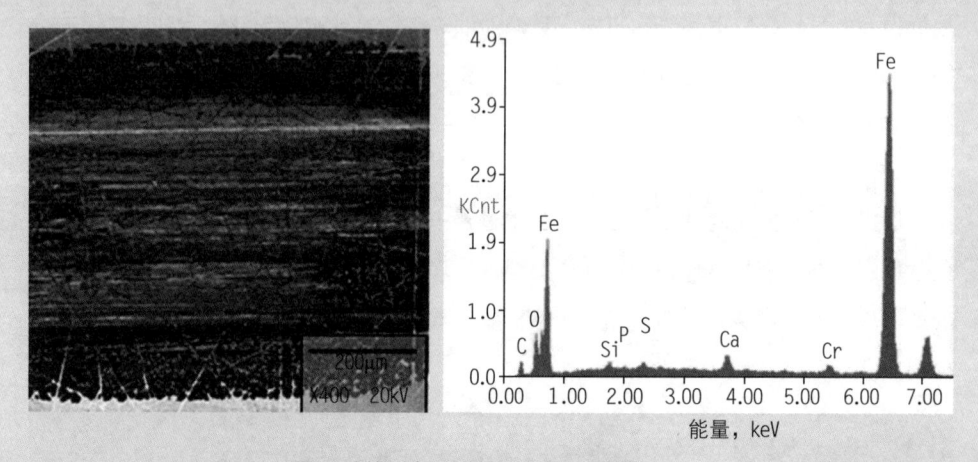

图3　摩擦副表面SEM及元素EDX能谱

第八课 船用润滑油的科学采样

科学规范地采集油样，是对油样质量做出真实判断的前提条件。但是，最基本的问题往往被人忽视，不规范的采样瓶和不正确的采样部位都会使油样分析失去意义。对于船用润滑油样的科学采集，需要严把"三大纪律，八项注意"。

"三大纪律"：第一是设施，取样工具和设施规范，且干净、干燥、无污染；第二是位置，能够反映真实情况的取样点，要避免弯角、污染物和金属颗粒聚集处；第三是一致，人员和取样位置始终保持一致。

"八项注意"：第一取样时机，要在船机正常负载和油温下取样；第二取样频率（周期），根据设备特点合理确定；第三安全防范，高温、转动设备，做好安全防范；第四样品合格，先放出不流动的样品，至少5倍的管道体积，装至油样瓶的70%~75%；第六标识完整，给油样瓶打上正确、完整的标签；第七新油对照，提供同批次的新油样品；第八相关事项，要注明取样期间有无更换润滑油、滤芯或者零部件。

表1 分析项目对取样的要求

项目	合适的取样位置和方法	干净的取样瓶
颗粒计数	●	●
水分（KF）	⊙	⊙
黏度	○	○
酸值/碱值	◎	◎
发射光谱	⊙	⊙
铁屑测量	●	◎
分析铁谱	●	◎
滤联法	●	⊙
闪点（燃油稀释）	◎	◎
乙二醇（试剂方法）	◎	◎
红外（FTIR）	◎	⊙

●—非常重要；⊙—重要；◎—不太重要；○—基本无关。

第九课 船用润滑油的监测更换

如同血液系统能够反映人体状况，润滑系统也可以反映机器的运行状态。通过润滑油品质及组成的变化可以判断磨损的部位、类型和程度，并可作为设备故障诊断的依据。船用油是属于批量较大的润滑油，最需要实施"按质换油"的原则，目前尚无公认的换油标准，一般采用CIMAC推荐的"指南"为参考。其中，气缸油用于大型低速十字头二冲程柴油机油活塞环和气缸套间的润滑，为一次性消耗产品，不存在换油问题，但会有少量残油，可根据残油的碱值和铁元素含量来判定发动机是否异常，并调整优化注油率。

中速机油，主要用于筒状活塞发动机的润滑，也可用于高速辅机的润滑。中速机油通常通过飞溅润滑来润滑活塞环和缸套，燃烧产物极易污染油品，根据CIMAC 29号推荐的"中速机润滑指南"，润滑油的监测着重考察100℃运动黏度、碱值、水分、闪点（闭口）和正戊烷不溶物等5个指标。

表1 中速机油主要监测项目与换油指标

检验项目	换油指标	试验方法
100℃运动黏度，mm^2/s	<-20%或>+25%	GB/T 265
碱值，mg KOH /g	<新油的50%	GB/T 0251
水分，%	>0.4	GB/T 260
闪点（闭口），℃	<170	GB/T 261
正戊烷不溶物，%	>2.0	NB/SH/T 0861

船用系统油，主要用于二冲程发动机轴承、曲柄销轴承、推力轴承、凸轮轴承、十字头轴承及导板等部件的润滑。系统油不参与发动机燃烧，而且用量很大，船东一般不更换系统油，使用周期甚至长达10~20年，但系统油性能也会随着使用衰变，有气缸油污染系统油的情况发生，根据CIMAC 15号推荐，系统油的监测着重关注碱值等性能衰变和燃料与气缸油混入的风险。

表2 艉轴OEM认证条件

检验项目	换油指标	试验方法
100℃运动黏度，mm^2/s	＜新油-3.0或＞新油+3.5	GB/T 265
碱值，mg KOH /g	＜3.0或＞30	GB/T 0251
水分，%	＞0.2	GB/T 260
闪点（闭口），℃	＜180	GB/T 261
正戊烷不溶物，%	＞1.5	NB/SH/T 0861

必要时，中速机油和系统油也可测试元素，检查发动机油添加剂衰减（Ca、P、Zn）、金属磨损（Fe、Cu、Cr）、燃料（V、Ni）和海水污染（Na、Mg）情况。

第十课 船用油的分水试验

分水性能是船用油的一项重要指标。在特殊的应用环境中，船用油中难免会混入水。分油机是一种可以实现油水机械分离的设备，但是如果油品自身抗乳化和分水性能不佳，即使使用分油机，水也很难在油中实现高效分离。分水性能不佳会导致船用油中存在大量乳化物，影响油品的润滑性能，乳化物过多还会堵塞机油滤清器，影响发动机的使用寿命。

除了气缸油之外，采用封闭循环润滑系统的船用油均对分水性能特殊规定。其中：中速机油按运动黏度和碱值的不同又细分为不同分水性能指标；而舰船通用柴油机油对于分水性能指标要求更高。目前，近海渔船大都使用普通柴油机油，由于在海上作业，难免有水分进入发动机润滑系统，造成发动机故障。在以往的技术服务中出现过误用柴油机油导致船用发动机故障的案例，鉴于此，应向客户推荐分水性能优异的护航800和护航1500替换原用的柴油机油。

评价船用油的分水性能的试验方法是SH/T 0619—1995《船用油水分离性测试法》，首先在离心管中加入50mL试样，用移液管加入2mL蒸馏水，再加试样至100mL刻度处，然后将装试样的离心管置于固定圆筒中，在搅拌器的转速达到3600r/min条件下搅拌30s。在15min之内将离心管放入离心机中，离心管底部的相对离心力为700，开机运转2h后将离心管取出，对试验结果进行评测，分水性能好的油品分离出来的水层接近2mL，分水性能差的油品水层很小，乳化层达到1.2mL以上。

图1 船用油分水性

第十一课 舰船通用柴油机油

舰船通用柴油机油（GJB 4363—2002《舰船通用柴油机油规范》），是为了适应海军装备现代化、可靠性和品种简化而开发的经典产品。长期以来，海军舰船柴油机一直使用没有分水性能要求的陆用型柴油机油，难免因润滑油进水产生严重的油品乳化，造成舰船频繁换油，不但影响了作战和训练任务的完成，而且浪费了大量宝贵的油料。另外，舰船所用柴油机油品种多，质量级别从CA、CC到CD不等，黏度牌号有SAE30、40和50等，形成不同的柴油机油十余种，给舰船油料的供应、管理和使用带来了极大的不便。

图1 大海中游弋的舰艇

舰船通用柴油机油能够同时满足舰船二冲程和四冲程，低、中、高速柴油发动机使用要求，具有优异的分水性、高温清净性和优良润滑、抗磨、防锈等性能，取代了CD40、14号舰用低增压、CC30及CC40等8种不同黏度和质量等级的柴油机油，适用于各种舰艇柴油机和辅助机械，其技术性能和通用化程度达到了世界发达国家的先进水平。

在海军7个舰艇大队包括052导弹驱逐舰、035潜艇、037猎潜艇以及登陆舰在内的20余型战斗和辅助舰艇使用，不但具有良好的润滑、防锈、抗泡沫、抗氧化性能和分水性能，还有效降低了磨损，延长换油周期30%以上，最大限度地延长了装备的使用寿命，为装备性能的发挥和作战能力的提高奠定了坚实的基础，从根本上解决了舰艇柴油机油遇水易乳化、换油频繁、品种牌号多、维护复杂等长期困扰海军油料使用的一系列重大难题，使海军舰艇90%以上柴油动力装置润滑得到统一，大幅简化了柴油机油品种，极大方便了油料筹措、运输、贮存和使用，降低了管理费用。

表1 舰船通用柴油机油质量指标和典型数据

项目	质量指标	典型数据	试验方法
运动黏度(100℃)，mm^2/s	12.5～14.5	13.6	GB/T 265
黏度指数	≥90	101	GB/T 1995
倾点，℃	≤-15	-18	GB/T 3535
硫酸盐灰分，%	≤1.5	1.32	GB/T 2433
总碱值，mg KOH/g	≥9	9.82	SH/T 0251
分水性（水层/乳化层），mL	不小于1.6/不大于0.5	1.80/0.00	SH/T 0619
抗水洗（碱值/灰分下降率），%	不大于12/10	3/4	GJB 4220附录A
液相锈蚀（合成海水）	无锈	无锈	GB/T 11143

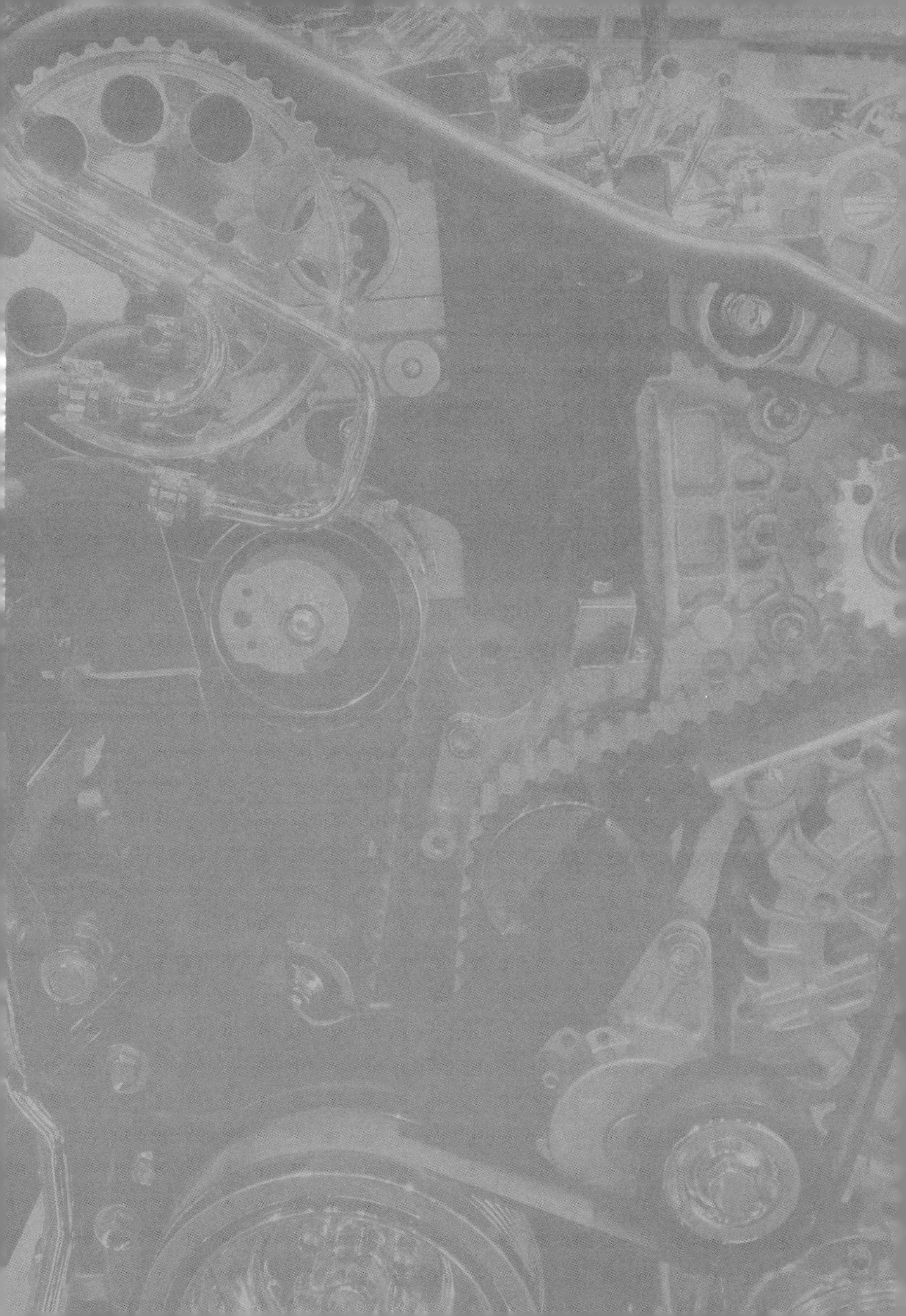

Lubricating Oil, Grease and Auxiliary Products for Automobile and Ship

第十一章 汽车润滑脂及其应用

Chapter 11

汽车作为提高经济效益的生产工具，对人们的文化观念、传统生活方式等产生巨大的影响。中国汽车工业的发展是国民经济、社会发展的必需，也是实现国家中长期发展战略的需要。随着汽车工业向支柱产业的发展进程，将对汽车用润滑脂提出新的要求。

汽车行业用润滑脂依据汽车使用润滑脂部位的不同可分为四类：轮毂轴承用润滑脂、底盘和操纵系统用润滑脂、发动机及电气系统用润滑脂、车身附件用润滑脂等。

我国目前汽车保有量的现状是中吨位载货车多、老型号车多、旧车多，这些汽车主要选用锂基脂和钙基脂作轮毂轴承和底盘用脂。例如，汽车通用锂基脂、极压锂基脂、MoS_2锂基脂等产品基本上可以满足这部分车辆的使用需要，重型载货车则需要极压复合锂类高性能润滑脂才能满足要求。从各类汽车分布比例和市场销售的车用润滑脂情况分析，我国的中低档润滑脂消费率偏高，高档润滑脂处于成长阶段。

汽车设计制造技术正在飞速发展，主要目标可归纳为：提高乘坐的舒适性和最大限度节省燃料费用。前者可以采用缩小并密闭发动机室相对扩大乘坐空间，降低噪声污染；后者主要通过减轻汽车零部件的重量和优化传动关节及相关润滑脂。上述设计改进对零部件中的轴承和关节提出了更高要求，即运转高速化、环境高温化。这些部位主要采用脂润滑，且相当一部分是一次加脂终身润滑。开发和应用满足当代汽车各部件高速、高温、安全和长寿命要求的润滑脂就很迫切，车用润滑脂也将进入一个快速发展的时期。

为了提升用户对车用润滑脂的认知，指导用户正确使用车用润滑脂，本章介绍了车用润滑脂的性能特点、相关产品及应用。

第一课 商用车轮毂轴承润滑特点

轿车轮毂经历了第一代普通双列轴承、第二代单法兰双列、第三代双法兰双列轴承,到目前双法兰双列轴承与万向节一体化,特点是高温、高速和微动磨损;商用车鼓轮从两个独立圆锥滚子轴承到一体化的两个圆锥滚子轴承组,特点是极压和长寿命。

图1 商用车轮毂轴承示例

轮毂轴承作为汽车非常重要的元件之一,其润滑技术和轴承本身的不断改进密切相关。轮毂轴承润滑脂本身应能够形成牢固的油膜,为摩擦部位提供耐磨和可靠的润滑,要求所使用的润滑脂具备耐高温、结构安定、抗磨承载、耐水、长寿命等五大主要性能:

图2 商用车轮毂轴承实物图

(1)优异的耐高温性能。确保车辆在重载、山区下坡连续刹车制动等苛刻条件下,最高使用温度满足130~150℃的要求,润滑脂滴点多在290℃上下。

(2)良好的机械安定性能和黏附性能。确保润滑脂在轴承运转产生的长期机械剪切作用下不易过度软化和流失,有利于在轴承表面保存润滑油膜,避免轴承润滑早期失效或引起安全问题;润滑脂10万次工作锥入度变化不宜大于15%。

(3)足够的耐磨性和承载能力。确保轮毂轴承即使在受到冲击负荷的条件下也不会使得轴承发生异常磨损,如P_B在980N以上。

(4)抗水防锈性好。可适用于苛刻的行车环境,甚至在有水污染的条件下能防止底盘部件等发生腐蚀,保护金属部件。

(5)较长的使用寿命,润滑性能优良。避免轮毂轴承同时承受轴向和径向的载荷而易造成金属疲劳引起剥落,延长维修周期,要求保养里程为(5~10)×10^4km。

此外,还要求良好的低温启动性能、抗氧化安定性能与橡胶的相容性能等。总体来说,延长商用车轮毂轴承润滑脂的使用寿命,依赖于轴承和润滑脂质量的共同提高。

第二课 商用车轮毂轴承润滑脂选择及应用

根据商用车轮毂轴承的具体工作条件，受车型、车速、行驶路面工况和气候环境的影响，汽车轮毂轴承润滑条件较为苛刻，要求轮毂轴承润滑脂具有优异的机械安定性、抗水防锈性、氧化安定性、黏附性和极压抗磨性。轮毂脂基础油以矿油为主，半合成油为辅，添加极压添加剂、固体抗磨剂。

表1 商用车轮毂轴承用脂典型数据

项目		汽车通用锂基润滑脂	昆仑HP-R高温润滑脂
工作锥入度，0.1mm		234	238
滴点，℃		190	310
延长工作锥入度（10×10^4次）变化率，%		15.5	9.6
漏失量（104℃，6h），g		3.3	—
漏失量（160℃，20h），g		—	2.6
四球实验	P_B（最大无卡咬负荷），N	392	980
	P_D（烧结负荷），N	1568	3087

普通商用车辆一般使用汽车通用锂基润滑脂、MP多效锂基润滑脂等通用汽车锂基脂系列产品。随着汽车整体技术的提高及道路条件改善，现代汽车向着高效、重载、节能及环保方面发展，对汽车用脂的长寿命和耐温性能提出了更苛刻的要求，尤其是高速重载情况下轮轴承用脂，普通锂基脂越来越多地暴露出一些缺陷，耐温能力差、抗冲击负荷能力差、高温流失以及黏附性差等问题已成为其致命弱点。

载重5t以上及大型客车应使用诸如昆仑HP-R高温润滑脂、昆仑重载车辆轮毂润滑脂等极压复合锂基类产品，能够满足高速重载车对润滑脂的性能要求。例如，35t商用车轮毂轴承，涂抹昆仑HP-R高温脂行驶68635km后，轮毂轴承仍有润滑脂附着，保持润滑效果（图1）。

图1 行驶68635km后轮毂轴承润滑脂状态图

第三课　商用车底盘润滑脂

汽车底盘系统包括离合器、变速器、悬挂装置、动力转向系统、制动系统等，水泵等30多个不同润滑点，其润滑脂一般都需要具有优良的耐水性、极压抗磨性、长寿命、耐高、低温性能等特点。轻型商用车可选昆仑汽车通用锂基脂、昆仑MP多效能锂基脂

图1　商用车底盘示意图

等锂基类润滑脂；重载或苛刻工况行驶的商用车选择昆仑HP-R高温脂、昆仑7022-2高级润滑脂等。

（1）离合器。轴承周期性运动，易受外界水、尘埃等污染，需良好的抗剪切性、抗水性。随着汽车可靠性合舒适性的要求越来越高，对离合器轴承可靠性和低噪声性要求也越来越高，要求润滑脂具备长的寿命、良好的润滑性，同时具有减震性能。

（2）悬挂装置。前悬挂有桶式减震器，后悬挂装有主体钢板弹簧，钢板弹簧片与片之间需要润滑防护，此部位易与水、泥土接触，要求润滑脂具有良好的抗水和极压抗磨性能。

（3）动力转向系统。汽车在转向过程中，各部件之间摩擦磨损严重，需加注抗磨润滑脂。

（4）制动系统。汽车制动系由鼓式制动器、制动踏板、手制动操作阀、空压机、储气筒、感载阀等组成，需要耐温好、有一定极压性的润滑脂。

（5）水泵及风扇。汽车水泵的轮叶与风扇同装一个轴的两端，此轴承受发动机的热辐射和循环冷却液发热及本身散热困难等因素影响，温度可达120~130℃，又容易与水和乙二醇接触，造成腐蚀轴承内圈，应采用耐热、抗水、长寿命润滑脂。

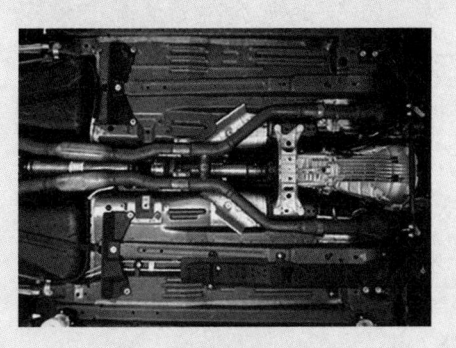

图2　商用车底盘实物图

第四课　汽车等速万向节CVJ润滑脂

图1　等速万向节示意图

等速万向节CVJ，是将轴间有夹角或相互位置有变化的两轴连接起来，并使两轴以相同的角速度传递动力的装置。它可以克服普通十字轴式万向节存在的不等速性问题，广泛采用的有球叉式和球笼式万向节。世界上生产等速万向节的公司有德国GKN、德国ZF、日本NTN与美国Dana等；国内主要有浙江万向机械、襄阳轴承、温州冠盛汽车零部件等。

等速万向节趋于轻量化、小型化，工况特点：接触压力高，运动情况复杂，工作温度高，对润滑脂的要求主要是四个方面：

（1）高、低温性。FF前轮驱动轿车和4W四轮驱动轿车的高力矩、CVJ的小型轻量化，运转中的CVJ内部摩擦产生热量不能及时散发，另外受外界气温影响，在寒冷地区不变硬而影响启动，保证低温时操纵灵活，所以CVJ对润滑脂高、低温性要求很高，在使用条件下有良好的氧化安定性。

（2）耐振动和抗磨。等速万向节由于内部产生摩擦力并受行驶中路况、载荷的影响，要求润滑脂具有良好的耐微动磨损性和极压抗磨性，一般选择加入MoS_2的锂基润滑脂、极压复合锂基润滑脂、聚脲润滑脂等产品。

（3）良好的橡胶相容性。CVJ采用橡胶套，相容性差的润滑脂会造成橡胶套的膨胀、歪斜、扭曲甚至破损，造成进水、进杂质，要求润滑脂与橡胶有良好的相容性。

（4）长寿命。CVJ润滑脂要求具有与配件一致的寿命。

除以上要求外，还应具有优良的机械安定性、抗水性、防锈性，较强的抗污染能力，不因潮湿而失效以及低噪声等。

1959年，第一辆前轮驱动小汽车CVJ使用极压锂基脂润滑。20世纪60年代，含二硫化钼的膨润土润滑脂、复合钙基润滑脂得到应用。20世纪70年代，德国出现含有二硫化钼和二硫代氨基甲酸盐的新型锂基润滑脂，美国出现了第一代应用于CVJ的聚脲润滑脂，之后国外开发出了多种性能优异的聚脲型和复合锂型高滴点CVJ润滑脂。当前欧美以锂基脂、复合锂基脂为主，日本以脲基脂为主，中国以锂基脂为主、部分复合锂及脲基脂。

球笼式CVJ一般使用二硫化钼极压锂基润滑脂，例如昆仑万向节润滑脂、昆仑万向节润滑脂B型等；复合锂基型脂，用于工作温度在-40~150℃范围各种车辆的万向节、方向盘十字架等的润滑，例如昆仑KL内球笼润滑脂、昆仑KL外球笼润滑脂等；聚脲型与复合锂基脂型相比，具有更长的高温使用寿命。

第五课 车身附件及其润滑脂

汽车车身结构主要包括车身壳体、车门、车窗、车身内外装饰件，和车身附件、座椅以及通风、暖风、冷气、空气调节装置等。车身附件包括门锁、门铰链、玻璃升降器、各种密封件、风窗刮水器、风窗洗涤器、遮阳板、后视镜、拉手等。

车身附件种类众多，附件润滑脂用于汽车车身附件、门窗、锁具、塑料件及汽车操纵机构、座椅、后视镜等的润滑和降噪。一般需要具有较好的高低温性、长寿命性、抗水性、防锈性、机械安定性和降噪性等；特殊部位用脂还需要与橡胶、尼龙等非金属材料具有较好的相容性。根据车身附件的润滑特点，一般应选择合成型锂基润滑脂，保证润滑脂具有较宽的使用温度，而座椅调角器因承受较大负载，通常选用复合磺酸钙基润滑脂。

图1 车门限位器实物图

（1）车门限位器。车门限位器的作用是限制车门打开的程度，位于车门内侧。需要润滑脂具有较好的高低温性，确保在宽温度范围内使用，同时需要具有良好的黏附性能，较好的黏附与润滑表面。

（2）门窗玻璃升降器电动机。需要润滑脂在热晒雨淋、寒冷、露天等苛刻天气下，保持良好的润滑性、降噪性、防锈性和抗水性能。

（3）天窗滑轨。位于车顶与外界环境直接接触，需要润滑脂具有优良的高低温性、防锈性、抗水性和减振性，在恶劣条件下仍保证其润滑和长的使用寿命。同时需要与橡胶、尼龙等多种非金属材料有

图2 汽车门锁实物图

良好的适应性。

（4）汽车门锁。润滑脂需要具有良好的化学安定性和抗水性、防锈性、胶体安定性，低温润滑性能优良，使用温度范围宽。

（5）座椅调角器。安装于汽车座椅上，用于座椅靠背角度调节的装置，需要润滑脂具有良好的剪切安定性、极压抗磨性、防锈性和润滑性。

（6）座椅滑轨。汽车座椅滑轨对润滑脂的性能要求：润滑性，润滑不发涩，滑轨移动顺畅；低温性，寒冷地区冬天启动力矩小，可自由移动；耐久性，长时间使用后依然具有良好的润滑性能；防锈性、低气味，不散发令人不愉快的气味。

第六课 | 其他车用润滑脂

（1）启动机润滑脂。启动机的作用就是将蓄电池的电能转化为机械能，从而驱动发动机飞轮旋转以实现发动机的启动，其减速电动机轴承、传动齿轮齿条及单向器用脂润滑，润滑脂要求耐高温，不易氧化变质；低温启动力矩小，能满足-40℃低温下启动要求；具有长使用寿命，经得起5万次以上的寿命测试；有优良的防锈防腐蚀性能；具有良好的极压抗磨和黏附性能，能承载齿轮的冲击负荷。启动机润滑脂采用合成基础油制备的复合锂或聚脲润滑脂，如昆仑7014-2高温润滑脂。

图1 汽车启动机示例

（2）制动系统润滑脂。制动系统分为气压制动系统和液压制动系统，气动制动系统要求润滑脂具有良好的抗氧化安定性，耐热空气反复冲压（气压制动）；与制动阀的橡胶密封件相适应；低分油性能，过分的油气进入气压系统会带来不安全因素。液压制动系统要求润滑脂组分与制动液相容性好，使用温度-40~120℃；高低温耐久性，长的使用寿命，优良的润滑与密封性能等。制动系统润滑脂稠化剂可以是锂皂、硅胶等，基础油多为聚醚、硅油或合成烃。

（3）转向器润滑脂。汽车转向器主要为齿轮齿条式，转向器已经从机械转向、电控液压助力，发展成为电动助力转向，该转向器是在机械式转向器上增加了电动助力装置，转向器齿条润滑脂要求具有良好的极压抗磨性、抗水和防锈性，以及氧化安定性；助力电动机减速机构润滑脂要求具有优异的低温性能和良好的材料适应性，以及长使用寿命。

图2 汽车制动系统示意图

第七课　汽车润滑脂及其发展趋势

车用润滑脂占润滑脂总产量的1/3，应用于汽车上百个零部件，对提高机械效率、缩短维修时间、节约能源、减少材料消耗具有重要意义。汽车基本在野外行驶，在不同地区、气候条件和道路上，总体上需要润滑脂具有高低温性、极压抗磨性、抗水防锈性及材料适应性等四方面要求。国际品牌克鲁勃、ECL、FUCHS、协同，已经先期与各制造商同步配套开发车用润滑脂，取得了优势地位，占据着高端市场，产品线齐全；中国石化和中国石油等国内品牌正逐渐与车企配套开发系列化产品。

车用润滑脂发展方向如下：

（1）环境友好低噪声。不污染环境，降低汽车行驶噪声。

（2）健康和气味控制。GB/T 27630—2011《乘用车内空气质量评价指南》正式实施，人们对健康、环保的关注度越来越高。2016年起各汽车厂商开始对汽车驾驶室内零部件用润滑脂的气味有强制性要求，在VDA270气味1～6评级中，一般通用锂基润滑脂只能达到3.5～4级，而车厂要求3（气味明显但不干扰）或2.5级。

（3）人们对驾驶舒适性的要求增高，具有良好阻尼和减振效果的润滑脂是发展方向。

（4）通用化和专用化并存。汽车润滑脂品种众多，汽车零部件厂商也在积极需求润滑脂产品整合，减少润滑脂品种，提高工作效率，开发通用型的汽车零部件润滑脂是一个趋势。另外，汽车零部件的结构多样化发展，针对不同结构开发系列化、差异化产品，提高润滑专业性，也是润滑脂生产企业发展的方向。

（5）长寿命到终身润滑。例如，离合器与转向器润滑脂寿命从5000km到30000km，制动器及驱动桥轮毂润滑脂寿命从10000km到80000km，拖车轮毂润滑脂寿命从50000km到200000km等。

Lubricating Oil, Grease and Auxiliary Products for Automobile and Ship

第十二章

航空油脂液

Chapter 12

航空油液是航空装备整体不可分割的一部分，对航空装备的设计和效能发挥起着至关重要的作用。航空油液对航空装备的从属性，决定了其品种和质量的发展从属于航空装备的功能设计和技术变革，即航空装备的结构设计和技术参数决定了航空油液性能和品种的发展，航空油液主要包括航空润滑油（脂、液）和航空燃料两大类。

航空润滑油（脂、液）主要有航空发动机润滑油、航空传动系润滑油、航空润滑脂、航空液压油、航空冷却液等多个品种。根据适用航空发动机类型的不同，航空发动机润滑油可分为活塞式发动机润滑油和涡轮燃气发动机润滑油。活塞式发动机润滑油主要满足航空活塞式发动机的润滑需求，润滑部位为活塞和曲轴；涡轮燃气发动机润滑油主要满足涡轮发动机的润滑需求，润滑的部位为压气机前轴承、压气机后轴承和涡轮轴承。航空传动系润滑油主要满足直升机的润滑需求，润滑部位为涡轴发动机轴承、主减速器和中、尾减速器。航空润滑脂是除航空润滑油之外的一类非常重要的润滑剂，通常对发热问题不是特别突出的轴承等活动件润滑；航空液压油主要满足飞机反推力装置、武器系统发射、飞机起落架和刹车灯控制系统的液压系统的润滑；航空冷却液主要对航空机载设备的需要冷却的部位进行冷却，主要成分为乙二醇、水和表面活性剂。

航空燃料是飞机消耗最大的功能材料之一。活塞式航空发动机主要使用航空汽油，又细分为含铅汽油和无铅汽油；涡轮燃气发动机则主要使用喷气燃料，主要有三类：（1）应急备用的宽馏分型喷气燃料；（2）用于亚音速飞机和超音速的煤油型喷气燃料，即通常所说的航空煤油；（3）用于超音速飞机的专用热安定性喷气燃料。

本章共9课，简明、系统地阐述了航空装备所用主要油脂液及其要求，为广大润滑油液营销及应用人员提供理论支持和实践参考。

第一课　航空发动机润滑油评价测试

早期的航空发动机润滑油性能评价指标只有少数的几项物理性能测试，发展至今包含了理化性能评定、使用性能评定、模拟性能评定、模拟台架试验评定、发动机评定和试飞试用等多项评定要求。欧美航空发动机润滑油标准中把理化性能评定和使用性能评定统称为常规性能评定，把模拟台架试验称为台架评定。俄罗斯航空发动机润滑油的常规性能评定一般包括理化性能评定和部分使用性能评定两部分；综合鉴定法评定一般包含部分使用性能和模拟台架评定。

表1　航空发动机润滑油常规性能评定项目

序号	项目	欧美体系	俄罗斯体系	序号	项目	欧美体系	俄罗斯体系
1	酸值	√	√	11	水分	√	√
2	黏度	√	√	12	杂质	√	√
3	低温黏度稳定性	√	×	13	密度	√	√
4	闪点	开口	闭口	14	颜色	√	√
5	低温性	倾点	凝点	15	蒸发损失	√	√
6	水溶性酸或碱	×	√	16	热氧化和腐蚀性	72~121h	50h
7	腐蚀性	铜、铅等	品种多	17	泡沫	√	√
8	热安定性	√	×	18	润滑性	×	√
9	高温沉积	√	√	19	相容性	√	√
10	剪切稳定性	√	√	20	微金属含量	√	×

欧美的模拟台架评定方法主要分为Erdco轴承沉积台架、Ryder齿轮载荷能力台架、FZG齿轮载荷能力台架三种。俄罗斯采用Ⅲ-3齿轮试验检测润滑油的齿轮载荷能力、高温下轴承的润滑和沉积情况。主要通过模拟航空润滑油在发动机内的工作状态，根据最高工作温度和工作压力、转速和扭矩评定润滑油在齿轮上的高温沉积和润滑性能。

在模拟台架试验方面，俄罗斯方法不仅考虑了齿轮的磨损，还考虑了轴承上的高温腐蚀，是一种综合评价手段。模拟的实验条件基本都是航空发动机润滑油的工作状态。美国方法考虑的更多的是极压条件下润滑油的使用情况，因此试验中润滑油温度低、无压力要求、转速小，试验分加载梯次进行。

表2 欧美模拟台架试验方法

序	规范	Erdco轴承沉积台架	Ryder齿轮载荷台架	FZG齿轮载荷能力台架
1	MIL-PRF-9236	Fed-Std-3450	Fed-Std-6508（AST2M D1947）74℃	ASTM D5182
2	MIL-PRF-7808		F3ed-Std-6511 204℃	
3	MIL-PRF-27502			
4	MIL-PRF-23699	Fed-Std-3450	Fed-Std-6508（ASTM D1947）74℃	

第二课　航空发动机润滑油

航空发动机润滑油是航空油料中最重要的品种之一，主要对航空发动机进行润滑，对发动机部件的耐久性、安全性都有一定的影响。不同类型的航空发动机对航空润滑油的性能要求也各不相同。航空发动机润滑油大致可分为活塞式航空发动机润滑油和涡轮燃气航空发动机润滑油。目前，国际上主要的航空发动机润滑油标准主要有美国标准和俄罗斯标准两大体系，两个航空发动机润滑油标准体系相对独立，特别是在航空发动机润滑油的性能指标和测试方法上具有一定的差异性。

航空活塞式发动机和车用活塞式发动机的工作原理类似，主要依靠活塞在缸套中进行往复运动而输出动力从而带动螺旋桨进行旋转工作。活塞式发动机润滑油的主要润滑部位是活塞和曲轴。由于气缸的间隙较大，为了保持足够的油膜，必须使用大黏度的润滑油产品。俄罗斯航空活塞式发动机润滑油主要有酚精制的MC-20系列产品；美国活塞式发动机润滑油包括不含分散剂和含无灰分分散剂的两类，满足SAEJ1966规范标准和SAEJ1899规范标准。

涡轮燃气发动机的工作原理是利用燃烧产生的高温气体膨胀，高速从喷管中喷出气体，产生的反作用力作为动力使飞机工作。涡轮燃气航空发动机润滑油主要润滑的部位为压气机的前、后轴承和涡轮的主轴承。飞机发动机不同的推重比决定了涡轮燃气发动机的燃气温度，所使用的润滑油则需要具有不同的高温氧化安定性能和黏温性能；同时部分涡轮燃气发动机经过改进后可应用于直升机，此时润滑油还需要对减速器进行润滑，因此还要兼顾一定的抗极压性能。俄罗斯的涡轮燃气发动机润滑油主要有MK-8系列喷气发动机润滑油、36/1系列酯类润滑油、50-1-4系列酯类润滑油、HIIM-10半合成涡轮发动机润滑油；美国涡轮燃气发动机润滑油主要有低黏度酯类发动机润滑油和中黏度酯类发动机润滑油，主要满足MIL-L-7808规范标准和MIL-L-23699规范标准，以及民用大飞机上使用的中黏度酯类发动机润滑油，满足SAE5780规范标准。

第三课 直升机传动系统润滑油

直升机多采用涡桨或涡轴发动机。涡桨发动机是由涡扇发动机改装为螺旋桨而成，由于螺旋桨的转速较慢（1000r/min），需要配置一个减速器将涡轮的转速减小到螺旋桨适合的速度。涡轴发动机则是在涡桨发动机的基础上，将螺旋桨换成旋翼，也需要加装减速器。因此，直升机发动机润滑油除了需要润滑涡轮燃气发动机外，还需要润滑减速器。

直升机曾经多采用涡轮燃气发动机润滑油进行润滑。与固定翼飞机相比，直升机发动机的体积和重量都小，直升机减速器需要承受较大的接触负荷（11000～12000N），这就要求润滑油必须具有优异的抗极压性能来满足减速器的润滑需求。但由于涡轮燃气发动机油主要是为了满足发动机使用而设计，多数不含或少量含有减速器润滑所需的极压添加剂，因此涡轮燃气发动机油在直升机传动系统中的润滑不足现象越来越明显，多数国家的直升机越来越倾向于使用专门的直升机传动系统润滑油，例如俄罗斯开发了Б-3В，以季戊四醇酯为基础油，100℃黏度为5mm^2/s，-40℃黏度为8800mm^2/s左右；ЛЗ-240，为Б-3В的换代产品，基础油与Б-3В相同，加强了高温抗氧化能力。双曲线型齿轮油，使用高硫基础油，能有效防止高负荷下金属的擦伤和卡咬，100℃黏度为20～30mm^2/s，但由于黏度过大，在使用过程中需要用低凝点的液压油进行稀释，稀释后油品称为CM-9混合油，主要用于润滑直升机的中、尾减速器。螺旋伞油ТС-ГИП，100℃黏度为20.5～32.4mm^2/s，主要是在夏季用于直升机减速器和活动关节的润滑，是双曲型齿轮油的换代产品。

欧美的直升机也多采用专门的直升机传动系统润滑油，不仅兼顾发动机的润滑需求，同时也具有优异的抗极压性能，如英国的DERD2497规范润滑油，是一种具有优异承载能力的涡轮发动机润滑油，代表产品AeroShell Turbo 555；美国的传动系统专用油规范DOD-L-85734，工作温度-40～135℃，与传统的MIL-L-23699发动机油标准相比，提高了承载能力性能要求。

第四课　常用航空燃料

航空燃料是20世纪初随着飞机的诞生而出现，世界各航空公司所使用的航空燃料可以分为航空汽油和航空煤油两类。航空汽油主要供点燃式活塞发动机使用，航空煤油，也就是喷气燃料，主要供燃气涡轮发动机使用。

20世纪40年代，80/87（马达法辛烷值80，富气抗爆性能87）号含铅汽油研发成功，并开始用于低压缩比的航空活塞式发动机；20世纪50年代，91/98、100/130、115/145等含铅航空汽油应运而生，其铅含量分别要求不超过0.56 g/L、1.12 g/L和2.24g/L。研究发现，含铅汽油在燃烧后铅会在气缸顶部及火花塞沉积，造成点火故障及发动机磨损，并且对环境和人体神经系统有极大的危害。20世纪90年代，100号低铅航空汽油（100LL）顺利通过了美国联邦航空局（FAA）的适航批准。2011年，ASTM进一步推出了100号超低铅航空汽油（100VLL）标准。美国ASTM/FAA制定了航空活塞发动机汽油标准，ASTM D910-04a标准为含铅汽油标准，包括80（0.14g铅/L）、91（0.56g铅/L）、100LL（0.56g铅/L）和100（1.12g铅/L）等四个辛烷值牌号。另外还有很多无铅汽油的规格，例如ASTM D6227-00、ASTMD7547-09等。

1944年，美国颁布了AN-F-32标准，燃料代号是JP-1喷气燃料，随后又公布了AN-F-34（1945年，JP-2）、AN-F-58（1947年，JP-3）以及MIL-F-5624A（1951年，JP-4）。之后美国又研发出JP-5、JP-6、JP-7以及JP-8喷气燃料。目前，JP-8是美国和北约空军的主要燃料用油，美国在JP-8的基础上开发出JP-8+100、JP-8+225等高热安定性燃料。美英两国的民用喷气燃料依据冰点分为JetA、JetA-1、JetB，性能相当于JP-8。美国民用航空普遍使用的是JetA，标准为ASTMD1655—2015。俄罗斯将喷气燃料分为5个质量等级，约有20多个品种。其中直馏燃料T-1，具有较高的使用性能，广泛用于亚音速飞机。随后研制了T-2、T-3、T-4、TC-1、T-5、T-6、T-7、T-8PT等系列喷气燃料。其中PT可用于亚音速和超音速飞机；T-6可保证超音速飞机长时间飞行。俄罗斯民用航空主要使用T-8、T-8B喷气燃料。

第五课 活塞式航空发动机润滑油

活塞式发动机主要由曲轴、连杆、活塞、汽缸、分气机构、螺旋桨减速器和机匣等部件组成。按气缸的冷却方式分，发动机可分为液冷式和气冷式两种，随着飞机速度的提高，现多为气冷式发动机；按发动机排列形式的不同又可分为星型和直列型，现以星型和直列型中的V形较为普遍。

活塞式航空发动机润滑系统由油箱、进油泵、油滤、收油池、泡沫消除器与散热器组成。除了主要对发动机及减速器进行润滑外，还有冷却、密封、清洗等作用。润滑方式主要为泼溅润滑与压力润滑。活塞式航空发动机润滑系统的工作温度可达200~300℃，因此，润滑油必须具有良好的热氧化安定性；发动机摩擦面的工作负荷很高，活塞式航空发动机曲轴主轴承的负荷可达100kN，因此，润滑油必须具有承受高负荷的能力；当飞机作高空、高速飞行时，润滑系统处于高温、低压状态，要求润滑油具有低挥发性，以减少高空蒸发损失；在寒冷地区，润滑油温度降到很低时仍应能保持良好的流动性。此外，润滑油不应含有腐蚀性物质，并与系统中的金属和橡胶等非金属材料有良好的相容性。通常，汽车发动机润滑油工作温度在100℃左右，最高达150℃，且工作条件缓和，其性能达不到活塞式航空发动机的要求。

目前，常见的民用通用航空活塞式发动机润滑油的标准有SAEJ1966规范标准和SAEJ1899规范标准，黏度级别有30、40、50、60等单级油和多级油。

表1 20W-50活塞式航空发动机润滑油标准主要性能指标对比

标准号	是否含有无灰分分散剂	100℃运动黏度 mm²/S	黏度指数	硫含量 %	酸值Mg KOH/g	灰分 %	防腐性能	抗泡性能
SAE J1899	有	16.3~21.9	≥100	≤0.6	≤1.0	≤0.011	√	√
SAE J1966	无	16.3~21.9	≥85	≤0.6	≤1.0	≤0.011	√	√

第六课 航空涡轮发动机润滑油

涡轮燃气发动机根据应用范围的不同，又可分为涡轮喷气发动机、涡轮风扇发动机、涡桨发动机和涡轴发动机等。涡轮燃气发动机油的润滑部位主要为压气机前后轴承和涡轮轴承，还有部分减速器。不同的涡轮燃气发动机对润滑油的要求稍有差异。

涡轮喷气发动机由于推力相对较小，涡轮前燃气温度为700~1000℃，轴承温度约为150~170℃，矿物型或双脂型润滑油基本可以满足高温抗氧化性能要求。

涡轮风扇发动机润滑油润滑部位与涡轮喷气发动机基本相同，涡轮风扇发动机的轴承温度一般在260℃以上，润滑油工作温度可达175~200℃，相比涡轮喷气发动机要求使用高温抗氧化性能更高的多元醇类航空发动机油。

涡桨发动机是将涡扇发动机的风扇改成了螺旋桨，加装减速器使涡轮输出的高转速降低到适合螺旋桨工作的较低转速。因此，润滑油部位除了轴承外，还需要对减速器进行润滑。由于涡桨发动机减速器的传动功率大，齿轮承受的接触负荷大，对润滑油性能更加关注的是承载能力而不是高温抗氧化性能。为了保证足够的油膜厚度来保持承载能力，要求使用比涡轮喷气发动机油黏度更大一些的润滑油。

涡轴发动机与涡桨发动机类似，只是将螺旋桨换成了旋翼，但是涡轴发动机的功率完全靠转轴输出，轴承的工作温度比涡桨发动机的要高。虽然也加装了减速器来降低转速，但是负荷相比涡桨发动机要小，因此涡轴发动机润滑油的性能要求是具有良好的高温性能，同时兼顾一定的承载能力。

表1 不同航空发动机润滑性能要求

发动机类型	100℃黏度	润滑油基础油	高温抗氧化性能	承载能力
涡喷发动机	3mm^2/s	矿物型或双脂	+	+
涡扇发动机	5mm^2/s	多元醇酯	+++	+
涡桨发动机	7.5mm^2/s	双脂	+	+++
涡轴发动机	5mm^2/s	多元醇酯	++	++

第七课　航空液压油

飞机早期的操纵系统是电动或压缩空气带动的，液压系统的研制成功使飞机的操纵实现了液压控制。目前，飞机的很多操纵系统，如反推力操纵、武器系统发射、起落架和刹车等均是依赖液压系统实现的，因此航空液压油在航空油料中显得越来越重要。

俄罗斯航空早期的飞机液压系统使用的是СГ液体（乙醇和甘油）或СВГ液体（乙醇、甘油和水）。СГ液体通常在夏季使用，СВГ液体通常在冬季使用。两种液压油都存在一定的使用问题，如СГ液体低温下由于黏度过大不能保证液压系统正常工作；СВГ液体高温下由于黏度过小不能保证液压系统正常工作。因此，为了保证冬夏通用性，俄罗斯开发了石油基液压油。第一代产品为МВП液压油，该油目前主要作为仪表油使用。第二代为АМГ-10液压油，具有良好的黏温曲线，使用温度范围为-60~127℃。随着安全性要求的不断提高，第三代抗燃液压油7-50С-3，该润滑油以硅油和双脂为基础油，具有良好的黏温性能、热安定性能、介电穿透性高、抗水解性能好、抗燃，是超音速飞机液压系统用油，使用温度范围为-60~175℃。

美国第一代航空液压油在20世纪50年代开始使用，性能满足MIL-JH-5606规范要求，主要的基础组分为精制的轻柴油馏分，特点是低温性能好，可满足空军对低温的性能要求，但该油易燃、闪点相对较高，安全性不好。第二代为抗燃液压油，主要满足MIL-H-83282性能规范。与MIL-JH-5606规范相比，第二代液压油具有闪点高、燃点高、总体抗燃性能好等特点，工作温度可达204℃。但在使用过程中发现MIL-H-83282规范的二代抗燃液压油的抗燃性能还不能满足战斗环境下飞机液压系统的抗燃需求，同时低温性能达不到-54℃的要求。1992年，美国正式发布了MIL-H-87257规范即合成烃抗燃液压油性能规范，不仅具有良好的抗燃性能，且低温性能完全能满足空军的需要。

第八课　航空冷却液

航空冷却液，顾名思义，是主要应用于航空发动机等系统的冷却液。由于航空发动机所处的外界环境、使用工况等条件均不同于陆地设备，其对冷却液有一些特殊要求。首先，在冰点牌号方面航空冷却液只有40号和65号两个，一般40号冷却液结晶起点温度不高于-40℃，65号冷却液结晶起点温度不高于-65℃，可根据实际需求选用合适牌号的冷却液。其次，在橡胶相容性方面，航空器发动机采用了一些特殊材质的橡胶件，需要考察冷却液对橡胶件的相容性，以保证不会发生泄漏的风险。

由于航空冷却液的特殊性，许多国家都发布了相关标准。国外主要有俄罗斯标准ГOCY159-52、ГOCY28084-89及TY-60275-78；美国标准MIL-H-2207-A/B、MIL-A-46153；英国标准Defstum68-61/1等，国内主要为GJB 6100—2007。每个国家的标准均根据自己航空发动机的特点提出了特殊要求，但从组成上分析，各国航空冷却液差别不大，均以乙二醇和水为主要成分，再通过添加防腐剂、防锈剂、缓蚀剂、消泡剂以及染色剂组成。然而各国冷却液在性能要求上有着明显的区别，如俄罗斯标准对航空冷却液有着极其苛刻的防腐蚀要求，这是由于其航空器材料全部采用轻质材料的缘故。

我国航空冷却液的研究起步较晚，产品性能较欧美发达国家还有差距。然而随着我国发动机技术以及材料科学的发展，航空冷却液的研究也会得到进一步发展。

第九课　航空润滑脂产品及发展

飞机上的润滑点多达300多个，其部件安装或维修时，使用的润滑脂产品可多达几十种，导致库存多、使用错误率高、管理不便。美国通过对产品标准和技术规范的修订，将众多航空润滑脂整合为满足大部分航空机械润滑要求的多用途润滑脂和高温润滑脂两大类。

我国航空润滑脂产品及名称较为复杂，有低温润滑脂、通用润滑脂、高温润滑脂和极压润滑脂，多用途、通用化、高性能将成为航空润滑脂的发展方向。

低温润滑脂多数采用合成烃、合成油或脂类油作为基础油，锂、复合锂、无极物为稠化剂，加入添加剂制备而成。国内产品有飞机仪表、齿轮及传动螺杆润滑脂等，主要用在飞机齿轮、仪表及传动机构的润滑。中国石油代表产品有2号低温润滑脂，采用锂皂稠化PAO制成，应用在飞机操纵系统、各种精密仪表、无线电设备的防护和润滑，使用温度范围在-60~120℃。

通用润滑脂多以合成油为基础油，选用锂钙、复合锂为稠化剂，并加入添加剂制成。国外产品有Aeroshell Grease 33、Mobil grease 27等；中国石油代表产品7007、7008通用航空润滑脂，用于航空电动机和微型电动机的轴承、齿轮及操纵机构的润滑，使用温度范围为-60~120℃。

高温润滑脂通常用聚脲或者复合锂，稠化合成油或硅油制备，使用温度范围为-60~250℃。国内产品有特221脂、7017高低温润滑脂、航空仪表润滑脂等，主要用在精密器械、自动控制系统以及飞机平尾大轴承。中国石油代表产品有7057硅脂，适用于飞机起落架轮子O形橡胶密封圈，使用温度为-60~180℃。

极压润滑脂多以锂或复合锂为稠化剂，以润滑性能好的酯类为基础油，加入石墨、二硫化钼等高效添加剂制备而成。中国石油代表产品有3号防锈石墨锂基脂，用于飞机降落伞滑出装置的润滑。

Lubricating Oil, Grease and Auxiliary Products for Automobile and Ship

第十三章

十大车用油脂液及其关键特性指标

Chapter 13

汽车及其发动机的润滑一直是润滑油技术开发及产品应用的主要领域，国内外车用润滑油都占到润滑油总量的50%以上。随着人们对美好生活标准的提高，风窗清洗液和商用车尾气处理剂AUS32的大量应用，与汽车相关的油液种类和数量进一步增加。就中国市场来看，可以大致梳理出十大产品，基本涵盖了汽车润滑维护的要求，笔者从消费者和营销人员的实际需求出发，对每一个产品提炼了3~5个最关键的特性指标，进行从理论到实际深入浅出地论述，并配以合适的图片和数据，以期对广大读者有更加接地气的实际帮助。

本章共包括乘用车汽油机油、商用车柴油机油、车用齿轮油、刹车液、商用车轮毂脂、自动传动液、液力传动油、发动机冷却液、汽车风窗清洗液、尾气净化液等10课。

第一课　乘用车发动机润滑油应用中最重要的四个指标

中国乘用车发动机润滑油产品标准GB 11121—2006《汽油机油》，详细规定了汽油机油的质量规格和黏度规格，对油品的各项性能指标进行了规定。同时，对于在用的汽油机油制定了GB/T 8028《汽油机油换油指标》，以指导正确换油。从汽油机油的产品特性和日常中的使用问题看，首先要指导消费者选择合适规格和黏度的油品，其次对油品的碱值酸值、燃油稀释、元素含量等三个方面应特别关注。

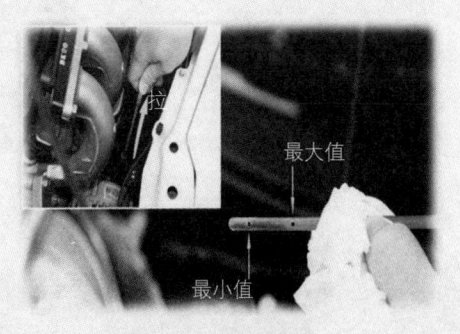

图1　发动机润滑油油尺

（1）正确推荐。

对于发动机润滑油，在销售和使用过程中，正确选油是第一位的。消费者从润滑油包装上获得的第一位的信息就是质量级别、黏度级别和油品类别，也就是发动机润滑油推荐应参照的主要因素。

①质量级别。中国仍沿用美国石油学会API对汽油发动机润滑油质量级别的定义，以"S+英文字母"的组合进行命名。S代表了汽油机油，之后的"英文字母"以英文字母顺序类推，代表质量级别由低到高，例如SJ、SL、SM、SN，质量级别越高代表油品的抗氧化、清洁、抗磨损等性能越高。由于市场竞争和润滑油技术的快速发展，我国乘用车润滑油多数都已升级到SN/GF-5等级，原则上可以汽车手册推荐为最低标准，遵循"就高不就低"的原则推荐。

②黏度级别。目前乘用车发动机润滑油都为多级油，黏度由"数字+W+数字"两部分组成。前半部分代表油品最低使用温度，以0、5、10、15和20进行划分，数字越小，低温流动性越好。后半部分代表油品100℃黏度，数字越大，油品越稠，选择应与发动机类型有直接关系，尽量遵循原厂推荐，相对来说欧系车辆黏度要求较高、日系比较小。

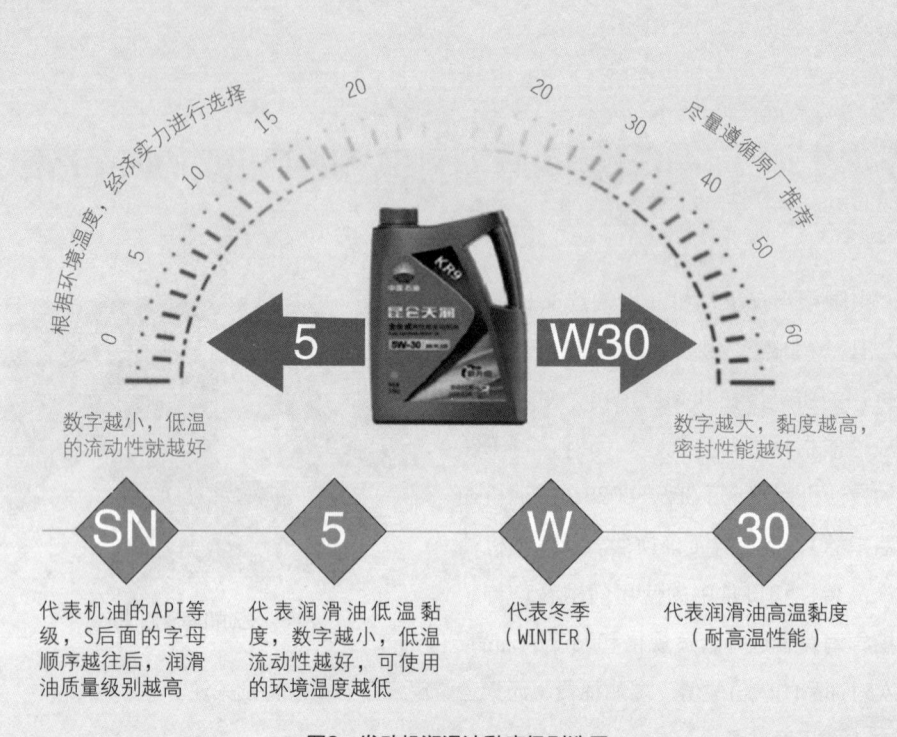

图2 发动机润滑油黏度级别选用

③油品类别。乘用车发动机润滑油按照基础油的不同，按照性能高低分为全合成发动机润滑油、半合成发动机润滑油（也称合成型或合成技术等）和矿物型发动机润滑油。不同的基础油类型，主要影响油品的使用寿命，对经济性和高低温性也有影响，从综合性能看，全合成最好，半合成次之，矿物型最低，价格也较优惠，例如昆仑0W20KR9-T就是质量优异的全合成产品。

（2）碱值、酸值。

总碱值是汽油机油中碱性成分含量的表征，代表油品中和酸性物质的能力。内燃机在运行过程中，燃料（柴油、汽油和生物质燃料）在不完全燃烧过程中会产生酸性物质，极性较强会以油泥、漆膜和积炭的形式积聚和黏附在发动机部件上。发动机润滑油中碱性物质将会中和这些酸性物质，防止其积聚和黏附。一般来讲，质量等级越高的发动机润滑油，碱性物质含量越高，总碱值越大，其清洁能力越强；在使用过程中，碱值会逐步下降，如果下降幅度超过新油碱值的50%，或低于相应的酸值就需要进行更换。

（3）燃油稀释。

发动机在运行过程中，燃料在不完全燃烧的情况下会窜入发动机油底壳中，在高速搅拌后，与发动机油混合共存。一旦发生燃油稀释，且超过一定含量后，会造成油品黏度下降，进而影响抗磨性能、抗氧性能和清洁性能，过高的燃油稀释会造成油品闪点的下降，带来安全隐患。一般如果发生了严重燃油稀释，油样会有明显的汽油气味，如果监测闪点降低到150℃以下或燃油稀释超过5.0%，应当更换润滑油，且检查发动机部件或进行深度保养。

（4）元素含量。

发动机油中含有清净剂、分散剂、抗磨剂和抗氧剂等多种功能添加剂组分。一般来讲，较为广泛的添加剂元素为硫、磷、钙、锌这四种，元素含量在油品定型后，基本保持恒定，可以通过检测新油中这四种元素含量来判断油品是否一致。

发动机在运行过程中，部件存在一定程度的磨损。从发动机部件设计材质看，通常的磨损元素为铜、铁、铝、铅。通过测定在用油中这四种元素，一方面可以评定发动机运行是否正常，另一方面可以评定油品抗磨损性能是否合格，一般铜铝铅超过30μg/g，铁超过70μg/g应当引起关注，有条件时应更换润滑油。

第二课 商用车柴油机油应用中最重要五个指标

我国于2017年全面推出国V排放标准，计划2019推出全世界最严厉的国VI排放标准。为了适应严格排放标准，柴油发动机必须采取相应的技术来满足这一要求。为此，EGR+DPF+SCR+DOC，以及延迟喷射、涡轮增压、缸内直喷、高压共轨等技术被广泛应用，节能和长换油周期成为商用车客户的普遍需求，推动油品规格不断向前发展，推出了低SPAS及长换油周期发动机油等新品种，有些还只有企业标准牌号。

我国柴油机油标准GB/T 11122—2006中所规定的各项理化指标、台架数据达数十项，包含了高温清净分散、抗磨损以及烟炱分散和氧化安定性等台架评定指标，每项都不可缺少。但其中台架指标多数只是在定型时评定，就柴油机油本身的性能特点和在使用中出现问题的概率来看，对于新油牌号推荐，剪切稳定性是最特别的指标；当油品真假难辨或出现严重性能问题时，关键元素含量是最直接的判断因素；在用油着重监控油品外观、碱值下降和磨损元素等指标，根据GB/T 7607柴油发动机油换油指标推荐：一般运动黏度变化率（100℃）不大于±20%，闪点（闭口）不低于130℃，水分不大于0.20%，碱值下降率不低于新油50%，酸值增加值不大于2.0。综合来看，在整个销售及使用过程中，应特别注意牌号推荐、外观观察、剪切与黏度、碱值和磨损元素等5个方面。

（1）牌号推荐。

柴油机油品牌牌号很多，但在使用推荐上主要是质量级别和黏度牌号两个方面，质量级别主要与商用车所采用发动机技术相关，总体来看，没有搭载EGR发动机的国Ⅲ、Ⅳ车辆，可以使用CH-4；一般国Ⅳ、Ⅴ车辆多数搭载EGR+SCR发动机，应使用CI-4或CI-4[+]级别；凡搭载DPF的车辆应使用CJ-4及以上级别的低SAPA润滑油；对于管理比较规范的车队，并使用OEM推荐长寿命润滑油的车辆，如一汽J6等，可以推荐使用昆仑15W-40D12等长换油期润滑油及相应机滤。

黏度牌号主要根据环境温度及车辆新旧程度推荐，一般可以-35℃为基准大致与黏度牌号相关，如0W最低使用温度为-35℃，20W最低使用温度为-15℃；新车及刚大修完成的车辆可推荐较小黏度的30W或40W；旧车和发动机间隙较大、工作环境温度极高的车辆，可推荐50W黏度级别。如在兰州的一辆里程15×10^4km的康明斯发动机车辆，搭载EGR+SCR，则推荐昆仑天威15W-40CI-4。

（2）外观与污染。

柴油机油的外观包括颜色、清澈程度和气味等，通过外观可以对润滑油及其使用过程中污染和劣化程度有一个大致的判断。新油在光照下应该均匀透亮，颜色的深浅已经不能代表油品的质量本身。

柴油机油的外观在储存和使用过程中会因外部污染和氧化变质而发生变化。如呈乳白色，说明遇水乳化，新油清澈透明，水分

（a）乳化　　（b）清澈

图1　油品外观变化

含量要求不大于0.03%，在用油水分含量不大于0.20%，应该更换；若在用柴油机油明显变稀或伴有柴油气味，则很可能发生了燃油污染，可检测闭口闪点，若低于130℃则说明污染严重，应立即更换。

颜色变深发黑，说明发动机油氧化变质或受到污染，但还要看是否黑的异常且明显增黏或含有颗粒物，有条件时可以检测在用油烟炱或戊烷不溶物含量，如果烟炱>5.0%必须更换，并检查发动机燃烧系统；戊烷不溶物，也就是氧化产物和磨损金属颗粒的总和，反映了润滑油的老化程度和污染程度，在用油不溶物应不大于2.0%，否则立即换新油。

（3）黏度与剪切稳定性能。

柴油机油中大分子有机物，尤其是增黏剂，在使用过程中受到机械剪切的作用，分子链可能被剪断，使油品黏度下降，常常是造成"亮红灯"的主要原因。因此，柴油机油须具有良好抗剪切能力，如昆仑15W-40CI-4，要求柴油喷嘴剪切试验后最低黏度不低于12.5mm^2/s，下降率不大于10%。

（4）碱值。

柴油机油都有一定的碱值，一定程度上反映了润滑油中碱性添加剂含量，一般与油品灰分有关，许多油品为了减少对发动机后处理的影响，要求低灰分，如CJ-4灰分不大于1%。燃气发动机润滑油对灰分控制比较严格，一般要求不大于1.2%，因此使用

低灰分高碱值的油品是完美追求，许多添加剂公司开始使用镁盐等。

在用油碱值的变化主要和所用燃料油的硫含量及油品使用过程中氧化变质有关，反映了油品抑制氧化和中和酸性物质能力的强弱，碱值下降到一定程度，油品失去了中和酸性物质的能力，会引起油泥增多，发动机部件有可能产生腐蚀、磨损等现象，在用柴油机油碱值下降率应不大于50%，否则应更换新油。

（5）元素与磨损。

柴油发动机大多使用滑动轴承，且承载较高。如主轴承高达10～20MPa，连杆轴承高达12～15MPa，凸轮等部件承受负荷更高；同时缸套活塞环磨损程度较高，要求润滑油油膜保持性特别高。因此，要求柴油机油在高负荷、高温、高速的条件下，必须具有良好抗磨损性能。

监测发动机是否磨损，着重看在用油中铁、铜、铝、铅等金属元素含量，这些元素主要来自缸套活塞环、凸轮轴、曲轴及连杆轴瓦、各类滑动轴承等部位，并根据元素增长趋势分析原理综合判断。一般情况下，在用油中铁含量不大于150μg/g，铜含量不大于50μg/g，铝含量不大于30μg/g，否则更换新油。硅含量主要与砂蚀、尘土以及外界异物产生的磨损有关，当车辆行驶在路况较差或灰尘较多的道路时，在用油的硅含量会明显增加；空气过滤器长时间不更换而失去作用，也会引起硅含量的增加，造成发动机零部件的磨料磨损，在用油中硅含量应不大于150μg/g。另外，当油品真假难辨或出现严重性能问题时，关键元素含量是最直接的判断因素，可以检测油品中各种元素含量，与新油进行对比，即可分辨真假。

图2 发生磨损的轴瓦和轴

第三课 | 汽车自动传动液最重要的五个指标

汽车自动传动液有很多种类、牌号和品牌，根据变速箱结构的不同分为步进式自动变速箱传动液ATF、无级自动变速箱传动液CVTF和双离合器变速箱传动液DCTF。三种产品均没有统一的国内外标准或者规格，只有OEM或供应商自有规格，中国石油的企标有Q/SY RH2049—2018等。每一个产品牌号都有黏度、倾点、铜腐、闪点、摩擦特性等十余项质量指标，需要供应商在定型或出厂时进行检验，并列在产品分析单上。

产品质量标准和分析单上的每个指标都不可或缺，对于在用自动传动液，应重点监控水分和防腐防锈性，一般要求水分含量不大于痕迹，液相锈蚀（蒸馏水）为无锈，铜片腐蚀在150℃，3h后评级不大于1b等。从汽车自动传动液的销售到应用过程来看，牌号推荐、黏温特性、极压抗磨性、摩擦特性和抗颤、和抗氧化性是5个最重要的指标。

（1）牌号推荐。

自动传动机构的形式，根本上决定了自动传动液品种的选择，相对来说DCT和CVT在中国市场份额较低，相应地可以推荐DCTF7和CVTF6。AT机构应用最多，不仅在乘用车，在工程机械和城市大巴等商用车应用也越来越多，对于五速及以下的乘用车和工程机械可以推荐ATFⅢ；对于六速以上高档乘用车最好推荐ATF T6；对于东西北及西藏等高寒地区的公交等商用车应推荐ATF ST4。

（2）黏温特性。

由于汽车自动传动液的使用温度范围比较宽，一般为-25~170℃，要求油品具有良好的黏温性能，以便在高温或低温时仍能保持有效的润滑和密封，同时也利于低温环境下液力元件的启动。在使用过程中，由于受机械设备应力剪切的影响，往往会导致油品中黏指剂的性能下降，造成油品不可逆的黏度损失，从而导致离合器打滑，所以油品的剪切安定性也是考察黏温特性的重要指标。ATFⅢ规定油品100℃运动黏度不小于6.8mm^2/s，-40℃布氏黏度不高于20000mPa·s；DCTF7要求油品100℃运动黏度为7.0±0.25mm^2/s，-40℃布氏黏度不高于13000mPa·s，倾点不高于-45℃，两种油品均要求NB/SH/T 0845圆锥滚子剪切在60℃，20h后的100℃运动黏度下降率不大于10%。

（3）极压抗磨性。

液力传动装置通常由液力变矩器、变速箱和液压控制系统组成，要求油品具有良好的抗磨性来防止金属间相互接触而造成的齿轮点蚀以及磨损。通常采用GB/T 3142四球试验机法、SH/T 0306FZG齿轮试验机法以及GB/T 11144Timken梯姆肯试验机法进行测定。一般ATF和CVTF要求油品FZG失效级不小于11级；双离合器变速箱油要求FZG失效级不小于12级。

图1　变速箱传动系统

（4）摩擦特性和抗颤。

摩擦特性是自动传动液最核心、最重要的指标，在驾驶过程中人们希望离合器能平稳地传递扭矩，这就要求两个离合器片之间的摩擦系数不随速度变化，能保持恒定；同时为了得到更大的传递能力，要求离合器片的摩擦系数在不增加磨损的前提下尽可能提高，摩擦耐久性更好，从而来保证在变速箱使用过程中，不因油品的氧化衰变而影响动力的传递。通常通过SAE No.2摩擦试验机来考察油品的摩擦特性，如DCTF7要求油品的动静摩擦系数之比大于1，来提高传递效率，减少离合器打滑，并要求按照OEM方法通过摩擦特性试验和同步器试验。

目前自动变速箱中广泛采用限滑锁止离合器系统，能够改善整车的燃油经济性，但是容易导致颤抖现象，直接影响换挡性能和驾驶舒适性。一般认为离合器和控制系统、摩擦材料的失效和对偶片的失效，会影响变速箱的抗颤抖耐久性能，我们通常通过掌握摩擦系数μ与滑动速度v之间的特性关系，让它们始终保持正斜率关系，才能有效控制颤动现象出现，一般通过LVFA低速摩擦试验机来考察油品抗颤耐久性能。

图2　NO.2摩擦试验机

例如无级变速箱油CVTF通常要求抗颤耐久时间不小于72h，ATF要求抗颤耐久时间不小于250h；DCTF一般使用GK变速箱试验台来评价油品抗颤性能。

（5）氧化稳定性。

由于汽车自动传动液的使用温度较高，油品易发生氧化，产生油泥、漆膜、腐蚀性酸等物质，这些物质会引起油品摩擦特性的改变，使得离合器或摩擦片打滑，酸性物质还会腐蚀元件，油泥会堵塞液压控制系统和管路；氧化也可能造成油品黏度发生变化，变化过大会使得传动操作变坏。为此，一般采用DKA氧化、ISOT氧化或THOT氧化来测定自动传动液的氧化特性。以双离合器变速箱润滑油DCTF7为例，要求油品在经过170℃、192h DKA氧化后，100℃运动黏度变化率不大于10%，酸值增加不大于2.0mg KOH/g。

图3 LVFA低速摩擦试验机

第四课　液力传动油应用中最重要的五个指标

液力传动油有很多种类、牌号和品牌，我国液力传动油有行标JB/T 7282—2004、JB/T 12194—2015，以及中国石油的企标Q/SY RH2042—2001（2009）等，每一个产品牌号都有黏度、凝点、铜腐、抗泡等十余项质量指标，需要供应商在定型或出厂时进行检验，并列在产品分析单上。

可以说，产品质量标准和分析单上的每个指标都不可或缺，但就液力传动油本身的性能特点和在使用中出现问题的概率来看，氧化稳定性、剪切安定性、低温特性以及摩擦特性是最特别的指标，当有齿轮系统高速运转时，要求油品具有足够的抗磨性能以保证齿轮不被磨损。对于在用液力传动油，除了以上特别指标，应着重监控水分和机械杂质，一般要求水分含量不大于痕迹，机械杂质不大于0.01%等。

（1）氧化稳定性。

由于液力传动油的使用温度较高，油品易发生氧化，油品氧化后会产生油泥、漆膜、腐蚀性酸等物质，这些物质会引起油品摩擦特性的改变，使得离合器或摩擦片打滑，酸性物质还会腐蚀元件，油泥会堵塞液压控制系统和管路；氧化也可能造成油品黏度发生变化，使得传动不良。为此，一般采用DKA氧化、ISOT氧化或THOT氧化来测定液力传动油的氧化特性。以TO-4重负荷液力传动油为例，要求THOT氧化测试后，油品40℃运动黏度增长不大于100%，100℃运动黏度增长不大于60%，酸值增加不大于4.0mg KOH/g，红外吸收峰差值不大于0.75。

（2）剪切安定性。

液力传动油对油品黏温特性要求很高，需要通过加入黏指剂来改善油品对高低温工作环境的使用需求，而在使用过程中，由于受机械设备应力剪切的影响，往往会导致油品中黏指剂的性能下降，造成油品不可逆的黏度损失，从而导致离合器打滑，因此要求油品具有良好的剪切安定性。一般采用THCT台架、超声剪切、圆锥辊子剪切等方法来评价液力传动油的剪切安定性，其中NB/SH/T 0845圆锥辊子剪切最常用，以自动传动液ATF Ⅵ为例，要求圆锥滚子剪切在60℃、40h后的100℃运动黏度下降率不大于10%。

(3)低温特性。

工程机械设备经常会在野外低温的环境下作业,要求油品具有较好的低温性能,凝点(或倾点)较低或低温表观黏度较低,以利于低温环境下液力元件的启动,同时对生产、运输都带来便利。6号、8号液力传动油分别要求油品凝点不高于-30℃和-35℃,8D号液力传动油低温性能可以达到不高于-50℃的水平。而液压传动刹车三用油还对油品的低温表观黏度做了规定,要求-18℃的表观黏度不大于4500mPa·s,-34℃的表观黏度不大于70000mPa·s;ATFⅢ则要求-40℃的表观黏度不大于20000mPa·s。

图1 四球试验机

(4)抗磨性。

液力传动装置通常由液力变矩器、变速箱和液压控制系统组成,要求油品有良好的抗磨性来防止齿轮点蚀以及液压泵的长期稳定工作。抗磨性作为液力传动油最重要的性能指标,通常采用GB/T 3142四球试验机法、SH/T 0306FZG齿轮试验机法以及GB/T 11144Timken梯姆肯试验机法进行测定。以液压传动两用油为例,一般要求四球最大无卡咬负荷P_B不小于784N,磨斑直径不大于0.5mm,抗擦伤能力OK值不小于112N,FZG失效级不小于10级。

表1 不同液力传动油抗磨性能的指标

指标	液力传动油6号、8号、8D	液压传动刹车三用油	液压传动两用油	重负荷液力传动油	试验方法
四球试验,最大无卡咬负荷P_B,N	报告	—	≥784	—	GB/T 3142
磨斑直径(60min,196N),mm	报告	—	≤0.5	—	SH/T 0189
梯姆肯OK负荷值,N	—	不小于45	≥112	—	GB/T 11144
FZG齿轮机试验,失效级	—	—	≥10	≥8	NB/SH/T 0306

（5）摩擦特性。

摩擦特性是液力传动油最核心、最重要的指标，它是换挡感觉、扭矩负荷以及摩擦耐久性的综合平衡性能。在变速箱中，换挡是通过离合器的啮合来完成的，在换挡过程中，离合器片之间的相对速度变化为由大变小直至相对速度为零，为了得到良好的换挡感觉，人们希望离合器能平稳的传递扭矩，这就要求两个离合器片之间的摩擦系数不要随速度变化并保持恒定，同时为了得到更大的传递能力，也要求离合器片的摩擦系数在不增加磨损的前提下尽可能提高，摩擦耐久性更好从而来保证在变速箱的使用过程中，不因油品的氧化衰变而影响动力的传递。通常通过SAE No.2摩擦试验机和LVFA低速摩擦试验机来考察油品的摩擦特性，一般液力传动油要求油品的动静摩擦系数之比大于1，来提高传递效率，同时有一定的静摩擦系数，减少离合器打滑。

第五课　车用齿轮油应用中最重要的五个性能指标

车用齿轮油应用于车辆的传动系统，主要分为变速箱油和驱动桥油，国内使用最多的车用齿轮油为满足API GL-4、GL-5规格的油品，我国标准是GB 13895—1992重负荷车辆齿轮油GL-5。随着汽车手动变速箱技术的不断发展，OEM和终端用户对车辆的动力性、经济性、舒适性要求不断升级，对车用齿轮油也提出了越来越高的要求。中国石油润滑油公司针对手动变速箱的发展的制定了Q/SY RH2263—2011《乘用车手动变速箱油》、Q/SY RH2227《GL-5+长寿命超重负荷车辆齿轮油》等企业标准。每一个产品标准内都有黏度、外观、密度、倾点等十余项质量指标，需要供应商在定型或出厂时进行检验，并列在产品分析单上。

车用齿轮油的产品质量标准和分析单上的每个指标都不可或缺，但就车用齿轮油本身的性能特点和在使用中出现问题的概率来看，对于新油的承载能力、防锈防腐性、抗泡沫特性和热氧化稳定性是最特别的指标，而当油品真假难辨或出现严重性能问题时，关键元素含量是最直接的判断因素。对于在用车辆齿轮油，按照GB/T 30034—2013《重负荷车辆齿轮油（GL-5）换油指标》推荐参数，着重监控污染和金属磨损情况，一般要求100℃运动黏度变化率不超过+10%～-15%，水分≤0.5%，戊烷不溶物≤1%，酸值增加≤1±mg KOH/g，铁含量≤2000μg/g，铜含量≤100μg/g。

（1）承载性能指标。

车辆齿轮油应在高速、低速重载或冲击负荷下迅速形成边界吸附膜或化学反应膜以防止齿面磨损、擦伤和胶合。承载性是齿轮轮油最重要使用性能，GL-4、GL-5和GL-5+均要求通过SH/T 0518 L-37承载能力试验和SH/T 0519 L-42抗擦伤试验；GL-5+长寿命超重负荷车辆齿轮油主要用于双曲线齿轮的润滑，要求NB/SH/T 0306 FZG大于12级，GB/T 11144梯姆肯OK负荷值要求不小于267N，四球烧结负荷要求不小于3920N；GL-4中负荷车辆齿轮油中要求四球烧结负荷不小于833N；手动变速箱油主要用于直齿的润滑，要求FZG大于10级。

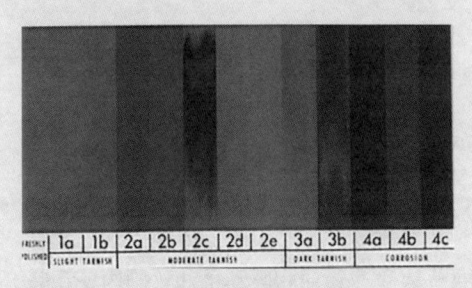

图1 铜片腐蚀标准比色卡

（2）防锈防腐性。

车辆齿轮油的极压抗磨剂一般都会有一定的腐蚀性，配方既要满足极压抗磨性能，又要防止对摩擦副材料的腐蚀和锈蚀，是非常难以把握的平衡，比较容易出现问题。车辆齿轮油的铜片腐蚀采用GB/T 5096《石油产品铜片腐蚀试验法》在121℃条件下测试3h，将铜片洗涤后再与标准色板进行比较，确定腐蚀级别，一般要求车辆齿轮油不大于3a级；手动变速箱油中的同步器由铜合金制成，容易被腐蚀，要求不大于2a级。

锈蚀试验反映油品在含水条件下的防锈能力，采用SH/T 0517《L-33锈蚀试验》测定，在驱动桥中加入1.2L试验油和30mL蒸馏水，电马达驱后桥以2500r/min运转，在82℃下测试4h后取下评分部件，评价生锈、污点和沉积等，要求总平均锈蚀评分≥9.0。

（3）抗泡沫特性。

车辆齿轮油在对齿轮的润滑过程中，齿轮转动时将空气带入油中，形成泡沫，泡沫如存在于齿面上会破坏油膜的完整性，造成润滑失效。泡沫的导热性差，容易引起齿面的过热，使油膜破坏。泡沫严重时，油常从齿轮箱的通气孔中溢出。车辆齿轮油泡沫特性采用GB/T 12579《润滑油泡沫特性测定法》进行前24℃、93.5℃，再后24℃测定，车辆齿轮油的抗泡性能更指标是前24℃不大于20/0；93.5℃不大于50/0；后24℃不大于20/0。

（4）热氧化稳定性。

齿轮油在工作中被剧烈搅动，在与空气、金属、杂质等接触中，特别是重型卡车驱动桥里齿轮工作温度相当高，齿轮油的氧化是一个突出的问题，直接影响油品的使用寿命。热氧化稳定性是考察在苛刻的热氧化条件下油品劣化程度。车辆齿轮油一般采用SH/T0520 L-60热氧化安定性试验方法测定，通过将齿轮箱内油温加热至

图2 齿轮片试验后沉积物生成

165℃，齿轮箱内通入空气，齿轮转速在1750r/min下运行50h。在试验结束后对试验齿轮上的沉积物进行评分，其中油泥评分≥9.4为通过。

（5）元素含量。

元素含量是润滑油脂配方技术的一种体现，在车辆齿轮油产品指标中并无明确要求，多数要求是"报告"，但元素含量又是不同品牌和品种车辆齿轮油最根本的差别。如果出现真假难辨或使用中出现严重问题的情况下，就需要通过检测油品的元素含量，特别是硫、磷等抗磨元素来进行判断。例如乘用车手动变速箱油采用特殊的基础油和添加剂体系，硫、磷元素含量大致在0.4%和0.16%，而GL-5一般在1.0%和0.05%。如果现场样品测试与此相差很远，就可以判定在生产中出了问题或者用户购买到的是假货。

第六课 刹车液应用中最重要的五个指标

制动液又称刹车油或刹车液，是用于机动车辆液压制动系统中传递压力，使车轮制动器实现制动作用的一种功能性液体，在制动系统中的主要发挥传能、散热、防锈（防腐）和润滑等作用。随着汽车工业的发展，制动液已经经历了蓖麻油醇型和矿物油型制动液两个阶段，全面进入合成型制动液阶段。

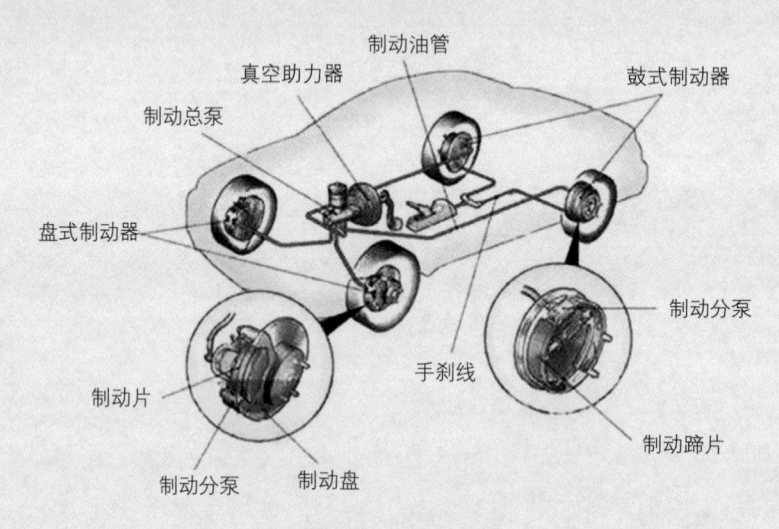

图1 乘用车制动系统

我国GB 12981—2012《机动车辆制动液》标准，基于ISO 4925：2005《道路车辆—液压制动系统用非石油基制动液规范》，涉及机动车液压制动和液压离合系统用非石油基制动液产品，按使用工况温度和黏度要求不同分为HZY3、HZY4、HZY5、HZY6等四个级别，分别对应国际标准ISO 4925：2005中Class3、Class4、Class5.1、Class6，其中HZY3、HZY4、HZY5也对应于美国交通运输部制动液的DOT3、DOT4、DOT5.1。该标准包含了十余项理化指标、台架试验项目，在销售及使用过程中，应特别注意平衡回流沸点ERBP、湿平衡回流沸点WERBP、低温运动黏度、橡胶适应性及水分含量等5个方面。

（1）平衡回流沸点ERBP

指制动液在规定试验条件下测得的沸腾温度，简称制动液的干沸点。该指标是制动液产品出厂检验时或在加入车辆制动系统使用前，没有吸收水分情况下的耐高温性能指标，主要反映组成制动液产品各种原料组分的沸点高低。一般情况下，平衡回流沸点越高，制动液高温性能才可能越好。HZY3、HZY4、HZY5、HZY6制动液要求平衡回流沸点分别不低于205℃、230℃、260℃和250℃。国内乘用车大多使用HZY4制动液，当在用制动液平衡回流沸点降至170℃以下时，需要更换制动液。

图2　昆仑HZY 4机动车辆制动液

（2）湿平衡回流沸点WERBP。

指制动液在规定试验条件下，制动液产品吸收一定量水分或加入一定量水分后，测得的平衡回流沸点温度值，简称制动液的湿沸点，是衡量制动液在使用过程中耐高温性能指标。

合成制动液在储存和使用过程中与空气接触时，很容易吸收空气中的水分，与平衡回流沸点指标相比，湿平衡回流沸点更能反映实际使用过程中的耐高温性能状况，湿平衡回流沸点越高，使用过程中的耐高温性能越好。HZY3、HZY4、HZY5、HZY6制动液要求湿平衡回流沸点分别不低于140℃、155℃、180℃和165℃，综合干湿平衡回流沸点指标，HZY5制动液的耐高温性能最好。

（3）低温运动黏度。

−40℃运动黏度是反映制动液在低温条件下流动性大小的使用性能指标，直接关系到车辆在低温条件下的制动性能。低温黏度越小，制动越灵敏；低温黏度越大，制动越迟缓，甚至导致制动失灵。HZY3、HZY4制动液的−40℃运动黏度指标均小于1500mm^2/s，HZY5、HZY6制动液的−40℃运动黏度指标分别小于900mm^2/s和750mm^2/s，HZY6制动液的低

图3　制动液合理液位

温性能最好，同时兼顾了耐高温性能。

（4）橡胶适应性。

在机动车辆制动系统中，为了保证制动液不渗漏并传递制动能量，使用了多种橡胶零部件，制动液在工作过程中会直接与这些橡胶零部件接触。为了保证这些橡胶件正常工作，要求制动液具有良好的橡胶适应性能，对橡胶件不能产生过度的软化、溶胀、溶解、固化和收缩作用。

车辆制动系统的制动总泵和分泵中都有随活塞一起运动的橡胶密封圈，这些橡胶圈不仅要与缸壁紧密接触，以保证其良好的密封性，而且要活动自如，决不能因制动液的浸润造成橡胶圈机械强度过分降低，体积、形状发生明显变化而失去应有的密封作用，从而影响制动能量的传递；更不能发生橡胶圈卡死、制动不能回位等导致制动失灵的现象。因此，制动液的橡胶适应性能必须严格控制，一般要求对三元乙丙橡胶的溶胀体积增值在0~10%，部分汽车厂家要求更严，超过这一范围需要更换制动液。

（5）水分含量。

醇醚型制动液具有吸湿性，在储存或使用过程中只要与空气接触，就会吸收空气中的水分导致制动液性能显著下降。

制动液吸收水分后对其性能的主要影响表现在三个方面：一是沸点显著下降，二是低温运动黏度明显上升，三是当水分增加到一定量时，对金属的防腐性能下降，这些都将严重影响到制动液的使用性能，危及制动系统的正常工作及制动灵敏性。尽管GB 12981—2012中没有水分含量指标，但严格限制制动液中的含水量非常必要，制动液的正常吸水量为3%~4%，含量大于4%应更换制动液。

第七课 商用车轮毂脂最重要的五个指标

轮毂轴承作为商用车非常重要的元件之一，其润滑技术和轴承本身的不断改进密切相关。目前商用车轮毂最常见的是一体化的两个圆锥滚子轴承组，其特点是重载能力和长使用寿命。商用车轮毂轴承润滑脂本身应能够形成牢固的油膜，为摩擦部位提供可靠的润滑。在润滑脂选择和使用过程中，应特别注意润滑脂的锥入度、高低温性能、机械安定性、极压抗磨性、橡胶相容性等5个方面的指标。

（1）锥入度。

锥入度是表示润滑脂稠度的物性指标，锥入度数值越大，润滑脂越软。锥入度对润滑脂的使用效果有很大影响，若锥入度偏大，则润滑脂偏软，使用时易出现分油快、润滑脂流失的情况，缩短润滑脂使用寿命；若锥入度偏小，润滑脂偏稠，在实际操作时会出现加脂困难的情况，汽车行驶时轮毂轴承扭矩大，轴承温升高，加快润滑脂的氧化变质，根据工况条件和使用经验，商用车轮毂轴承润滑脂最好在2#到3#之间，锥入度在220～295之间为宜，如典型的昆仑HP-R锥入度就是235～265。

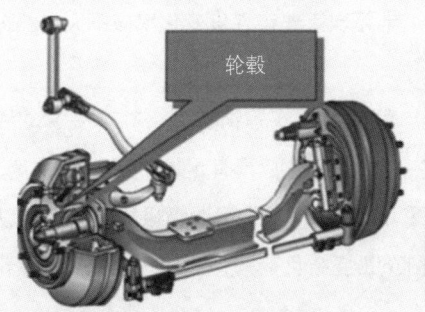

图1 商用车轮毂示意图　　图2 昆仑HP-R高温润滑脂

（2）高低温性能。

滴点作为润滑脂高温性能的重要指标，是指润滑脂从不流动态转变为流动态的温度，一般用其预测润滑脂的最高使用温度界限。滴点越高，表明该润滑脂的热安定性越好，一般情况下，应该选用滴点高于使用部位温度50℃以上的润滑脂产品，才能保证润滑脂不会因为使用环境温度超过滴点限度而变稀或甩落，使润滑失效。商用车在制动时，轮毂温度会急剧升高，尤其是在山区需要连续制动时，轮毂最高温度能达到150~180℃，为确保轮毂轴承润滑脂在该高温下不出现变稀流失的情况，要求润滑脂滴点不小于220℃。

商用车润滑脂的低温性能用低温转矩来表征，根据SAEJ2695《地面车辆推荐操作——载重汽车润滑脂》规范，低温转矩的指标设定为-40℃不大于15.50N·m较为合理。

（3）机械安定性。

润滑脂的机械安定性是指润滑脂在机械剪切力的作用下，其骨架结构体系抵抗从变形到流动的能力。机械安定性是润滑脂的重要使用性能，是影响润滑脂使用寿命的重要因素。润滑脂在机械作用下，稠化剂纤维的剪断是在所难免的，因此润滑脂的稠度必因使用时间延长而降低，机械安定性好的润滑脂，其使用寿命较长。为确保润滑脂在商用车轮毂轴承运转产生的长期机械剪切作用下不易过度软化和流失，避免轴

图3 轮毂轴承脂润滑

承润滑早期失效或引起安全问题，因此要求轮毂轴承润滑脂的十万次工作锥入度变化率应不大于20%，同时商用车行驶过程中会碰到雨、雾等潮湿工况，因此要求润滑脂具有一定的抗水性剪切稳定性，润滑脂加水（10%）十万次工作锥入度变化率应不大于25%。

（4）极压抗磨性。

商用车载重一般较大，在加速、制动、颠簸、拐弯等情况下，轴承受震动和冲击负荷，易出现边界润滑状况，因此需要轮毂轴承润滑脂具有足够的极压和抗磨性能，以确保轮毂轴承不会发生异常磨损。通常采用SH/T 0202《润滑脂极压性能测定法（四球法）》验证润滑脂的极压性能，根据SAEJ2695烧结负荷P_D应不小于1962N，综合磨损指数ZMZ应不小于294N较为合理。

（5）橡胶相容性。

由于商用车润滑脂可能接触到轮毂轴承的密封圈等橡胶密封件，与橡胶相容性好的润滑脂可以延长橡胶密封件的寿命。试验用氯丁橡胶CR和丁腈橡胶NBR-L两种典型橡胶片，对润滑油的作用较为敏感，作为判断润滑脂与橡胶相容性的标准材料。根据SH/T 0429《润滑脂与合成橡胶相容性测定法》，商用车轮毂轴承润滑脂要求丁腈橡胶的体积变化率-5%~+30%，硬度变化率为-15~+2（多里A点）。

第八课 冷却液应用中最重要的五个指标

发动机点火时产生的热量约30%必须通过冷却系统带走，绝大多数发动机都采用冷却液循环系统水冷的散热方式。维护良好的冷却系统不仅能防止发动机过热，还可以保持正常的发动机运转温度，防止发动机温度过高引发提前点火、爆震敲缸、润滑不良，甚至气阀烧损；也要避免温度过低导致曲轴箱内水分凝结和油泥形成、燃油经济性差，乃至过度磨损。

图1 汽车冷却液加注

据统计，40%以上的发动机维修问题与冷却系统维护不当有关，因此对冷却液的状态必须定期进行监测。冷却液的定期监测可以了解冷却系统是否处于良好的运行状态，从而避免造成发动机过热及由此带来的一系列问题。

我国发动机冷却液标准GB 29743—2013中规定了十余项指标要求，但冷却液使用中的监测应包括外观和理化监测两个部分。外观主要包括冷却液的颜色、气味、是否澄清透明等信息，理化应着重监测冰点与沸点、pH与储备碱度、元素含量以及泡沫特性等四个方面。

（1）外观。

冷却液的外观包括观察冷却液的颜色以及是否澄清透明，并对冷却液的气味进行了解。冷却液染色的主要目的是为了便于区分（包括不同冷却液间的区别以及冷却液与汽车其他液体的区别），

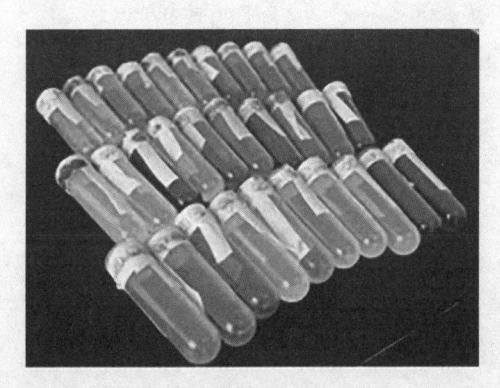

图2 不同颜色的汽车冷却液

对冷却液的性能没有影响。

对于气味而言，冷却液本身具有淡淡的乙二醇味道，并没有其他怪异性味道。如果监测过程中，发现冷却液具有臭味等怪异性味道，则表明冷却液已经污染或性能损失，应该及时更换。

冷却液应该是澄清、透明。如果在使用过程中，发现冷却液出现了沉淀或浑浊，则应该及时检查设备，并更换冷却液。

（2）冰点与沸点。

冷却液冰点表示在没有过冷情况下，冷却液开始结晶的温度，一般冷却液应在环境温度高于冰点15℃以上使用为宜。如果在使用过程中发现，冷却液的实际冰点与使用前冰点或理论冰点有较大的差别，则表明该冷却液已经变质、污染或者是假货，应立即更换。

冷却液沸点表示在发动机冷却系统与外界大气压相平衡的条件下，冷却液开始沸腾的温度，一般冷却液运行温度低于沸点15℃为宜，绝对不能达到或超过沸点。同时，沸点也可以反映冷却液中基液的种类，较普遍使用的是水—乙二醇基冷却液，对于这种基液有着固定的沸点范围，大约在105~110℃之间；而丙二醇型冷却液的沸点范围大约在102~106℃之间。

（3）pH值和储备碱度。

冷却液pH值也是表征其性能的重要指标，国标要求pH范围为7.5~11，也就是要求冷却液应为弱碱性，pH低于7时就必须更换防冻液。一般铝最佳保护的pH值为4~8.5，铜为7~12.5，铁为8.5~12.5，铅/锡焊为7.5~9.5，锌为8~10.5。不同的添加剂配方体系会综合考虑对各金属的保护效果，综合各种金属的要求，一般要求pH值为7.5~11，一些车厂也会对pH值有其特殊要求。通过对pH的监测，可以简单、直观地判断冷却液对金属的防腐蚀性能。

储备碱度主要表示冷却液保持碱度的能力。储备碱度高，则在一定程度上表明碱性防腐剂含量充足。防腐添加剂吸附在金属表面，抑制电化学腐蚀及中和氧化过程中生成的对金属有化学腐蚀作用的酸性物质。储备碱度一般可用美国ASTM D11221方法，采用电位滴仪进行自动滴定，当试样的pH值达到10.5时，记录所消耗的KOH量，再经简单计算，即可得出冷却液的储备碱度，整个试验在几分钟之内即可完成。不同复合剂调制的冷却液，其储备碱度差别较大，如无机型冷却液储备碱度一般在2.0~10.0；半有机型冷却液储备碱度在2.0~15.0；有机型冷却液储备碱度在1.0~8.0。储备碱度只是反映冷却液寿命的一个指标，近年来，市场上出现了许多低储备碱度的冷却液，但其使用寿命很长。

（4）元素含量。

冷却液独特的配方决定了其含有特殊的元素含量。通过对冷却液的元素进行监测，可以了解冷却液是否被污染、是否会引起腐蚀等信息。一般来讲，冷却液中应没有钙、镁、铝、铁等离子，如果检测发现含有钙、镁离子，则表明很可能使用了不合格的水调制而成，属于不合格品；如果在用冷却液中检测到铁、铝等金属元素，则表明该冷却液的防腐蚀性能已失效，应立即更换。

（5）泡沫特性。

冷却水泵高速旋转，带动冷却液强制循环的同时，冷却液中会产生大量气泡。气泡的形成严重影响传热效率并且加剧对铝制水泵的气穴腐蚀。为了降低泡沫产生的危害，冷却液通常需要添加合适的消泡剂。依据SH/T 0066《泡沫测定法》，将冷却液与水的混合溶液在88±1℃的条件下，用恒定气流通气5min，测定其初始泡沫体积应≤150 mL，并在5.0s以内消泡，才是合格产品。

第九课　汽车风窗玻璃清洗液最重要的三个性能指标

在各国的汽车风窗玻璃清洗液检测标准中，日本JISK 2398—2001《汽车风窗玻璃清洗液》标准最为完善。国标GB/T 23436—2009《汽车风窗玻璃清洗液》参考JISK 2398—2001制定，于2009年11月实施。两个标准中均详细规定了冰点、pH、外观、洗净力、相容性、金属腐蚀性、对橡胶的影响、对塑料的影响、对汽车有机涂膜的影响及热稳定性、低温稳定性共计11项的技术指标。其中，前5项为出厂检验项，但就汽车风窗玻璃清洗液在使用中出现问题的概率来看，冰点、橡胶相容性、稳定性最重要。

图1　昆仑之星汽车风窗玻璃清洗液

（1）冰点。

防冻是汽车风窗玻璃清洗液在冬季的重要功能。汽车风窗玻璃清洗液的防冻能力主要体现在冰点上，冰点越低防冻能力越强，其在北方冬季的冰点应在零下40℃左右，而南方应为零下10℃左右。市场上的汽车风窗玻璃清洗液产品，主要通过增加体系中的甲醇含量以降低产品的冰点。相对于水，甲醇成本很高，一些不良商家通过减少甲醇含量以提高利润，致使产品的实际冰点远远高于包装上的标识数值。

图2　汽车风窗玻璃清洗液加注口

冰点不合格对汽车及司机危害较大，容易造成汽车风窗玻璃清洗液水壶冻裂，喷出清洗时易在车窗表面结冰花进而导致司机视线模糊等危险。2015年，国家产品质量监督检验检疫总局委托国内某质检机构对市售的汽车风窗玻璃清洗液进行监督抽查检验，抽查范围包括连云港、苏州、南京、徐州的实体店及主流的网络电商。其中，在大型加油站抽样10批次，汽配城和个体商户抽样55批次，电商抽样55批次，合计120批次，并对以上产品进行性能检测，其中冰点不合格21批次，占18.1%。

图3　汽车风窗玻璃雨刮器

实验室一般采用自动冰点仪测量冰点，该仪器检测准确，但耗时较长，单样品测试时间约30min。此外，还有便携式冰点测量仪可快速测量冰点。

（2）橡胶相容性。

作为有机溶液，汽车风窗玻璃清洗液的橡胶相容性体现了其对橡胶老化速度的影响。汽车风窗玻璃清洗液的橡胶相容性参照GB/T 23436—2009附录E完成，将清洗好的天然橡胶及氯丁橡胶浸入试验液中，在50±2℃条件下保持120h后，对橡胶的外观、质量及硬度进行检验。橡胶相容性不合格的产品在使用过程中会加速汽车胶条的老化速度。

（3）稳定性指标。

汽车风窗玻璃清洗液的稳定性是决定产品性能好坏的一个关键性指标，按照GB/T 23436—2009附录H的要求，将试样在50±2℃及-15±2℃温度下保持8h，再在室温下保持16h，观察试样中有无结晶性沉淀物，并测量样品的pH值。稳定性不合格产品使用过程中易变质，易产生沉淀，进而导致堵塞喷嘴等其他问题的产生。

表1 汽车风窗玻璃清洗液指标要求

项目			技术要求 水基型 普通	技术要求 水基型 低温	试验方法
冰点，℃			≤ 0	≤ -20	SH/T 0090
对橡胶的影响（原液）（50±2℃，120 h）	质量变化%	天然橡胶	±1.5		附录E[①]
		氯丁橡胶	±3.0		
	硬度变化IRHD	天然橡胶	±5		
		氯丁橡胶	±5		
	试验后橡胶试片外观		无发粘、鼓泡、炭黑析出现象		
对汽车有机涂膜的影响（原液）（50±2℃，6 h）	涂膜硬度	丙烯酸树脂烤漆（蓝色）	≥ HB		附录G[①]
		氨基醇树脂漆（白色或黑色）	≥ HB		
	试验后试片的外观		漆膜无软化或鼓泡，试验前后光泽颜色无变化		
热稳定性（50±2℃，8 h）	pH值	原液	6.5~10.0	4.0~10.0	附录H[①]
		最低使用浓度溶液			
	试验后试样外观		无结晶性沉淀物		
低温稳定性（-15±2℃，8 h）	试验后试样外观	原液	无结晶性沉淀物		
		最低使用浓度溶液			

[①] GB/T 23436—2009。

第十课 柴油尾气净化液最重要的五个指标

我国柴油发动机氮氧化物还原剂尿素水溶液（AUS32）国家标准GB 29518—2013规定了柴油尾气净化液产品的质量指标要求，包括尿素含量（32.5%）、密度、碱度、缩二脲、金属离子含量等19项质量指标，需要供应商在产品出厂时进行检验，并列在产品分析单上。

对于柴油尾气净化液产品，质量标准和分析单上的每个指标都不可缺少，但就其性能特点和在使用中出现问题的概率来看，尿素含量、密度、缩二脲、不溶物、金属离子含量（钙、铁）是最特别的指标。按照GB 29518—2013柴油尾气净化液国家标准要求，尿素含量为31.8%～33.3%（质量分数），密度（20℃）范围为1087.0～1093.0kg/m³，缩二脲含量≤0.3%（质量分数），不溶物≤20mg/kg，金属离子含量：钙、铁≤0.5mg/kg。尿素含量不达标，喷嘴、管道和催化剂微孔堵塞或中毒，NO_x转化率不高，NO_x排放不达标，都会造成OBD检测系统报警，限制发动机的输出功率。

图1 昆仑之星柴油尾气净化液

（1）尿素含量指标。

尿素含量直接影响NO_x的转化效率和柴油尾气净化液的凝固点。在SCR还原系统中，尿素的浓度是关键因素之一，过高不仅不能提高NO_x的转化效率，反而会造成氨气的滑失（由于过高的NH_3/NO_x比造成的氨气漏失），形成二次污染物氨气；过低使NH_3/NO_x比过低，不能完全转化NO_x。使用尿素浓度为32.5%的柴油尾气净化液作为还原剂，还因为此浓度的产品初始结晶点最低（-11℃），尿素结晶，可能会堵塞尿素输液管及喷嘴。评价尿素含量的试验方法，国标GB 29518—2013采用燃烧法（附录A）检测尿素含量。采用杜马斯燃烧法定氮仪测量样品的氮含量，尿素含量通过从总氮中扣除缩二脲中的氮计算得出。

（2）密度。

柴油尾气净化液的密度与浓度密切相关，在一定温度下浓度与密度具有一一对应的关系，且随浓度增大而增大。检测密度，可以方便地辅助验证柴油尾气净化液的浓度和质量。GB 29518—2013采用SH/T 0604方法检测密度，也可使用GB/T 1884和GB/T 1885，有异议时以SH/T 0604为仲裁方法。

（3）缩二脲含量。

尿素生产过程中会产生副产物缩二脲，若柴油尾气净化液存储不当，其中的尿素也会缩合为缩二脲。缩二脲在高温下可继续缩合生成三聚氰酸等高分子物质，在管道内发生堆积，造成管道和催化剂微孔的堵塞，影响NO_x的转化率，所以应该严格控制。GB 29518—2013采用分光光度法（附录C）检测缩二脲含量。缩二脲在含有酒石酸钠钾的碱性溶液中与二价铜反应，在波长550nm可见光区域出现最大吸收峰。用分光光度计测量这个吸收峰，并用缩二脲标准溶液绘制成标准曲线，再由样品的吸光度在标准曲线上计算缩二脲的浓度。

（4）不溶物含量。

不溶物是不溶于水的杂质，其存在除了对SCR系统的输液管道和喷嘴具有堵塞的危害外，还能堵塞催化剂的孔道造成NO_x转化率降低（影响尾气在催化剂孔道中的扩散速度）及尾气背压增大，严重时会损坏发动机。GB 29518—2013采用重量法（附录E）检测不溶物含量。一定量的样品通过0.8μm的混合纤维素滤膜进行真空抽滤，烘干后称量滤膜质量，计算不溶物含量。

（5）金属离子含量。

金属离子（钙、铁、铜、锌、铬、镍、镁、钠、钾、铝，共计10种）作为柴油尾气净化液中的杂质，对SCR系统的催化剂具有毒害作用，影响SCR还原的转化效率，应该严格控制这些指标。GB 29518—2013采用电感耦合等离子发射光谱法（附录G）检测金属离子含量。在实际生产、使用和产品抽检等过程中，钙、铁等金属离子含量超标出现问题的概率较高。主要原因是未采用与柴油尾气净化液兼容的包装材质（PE、PP、PET或不锈钢）。在加油站等销售终端抽检取样时最好采用整桶送检的方式，杜绝采用铁皮桶等不兼容采样容器，造成金属离子含量不达标等二次污染。

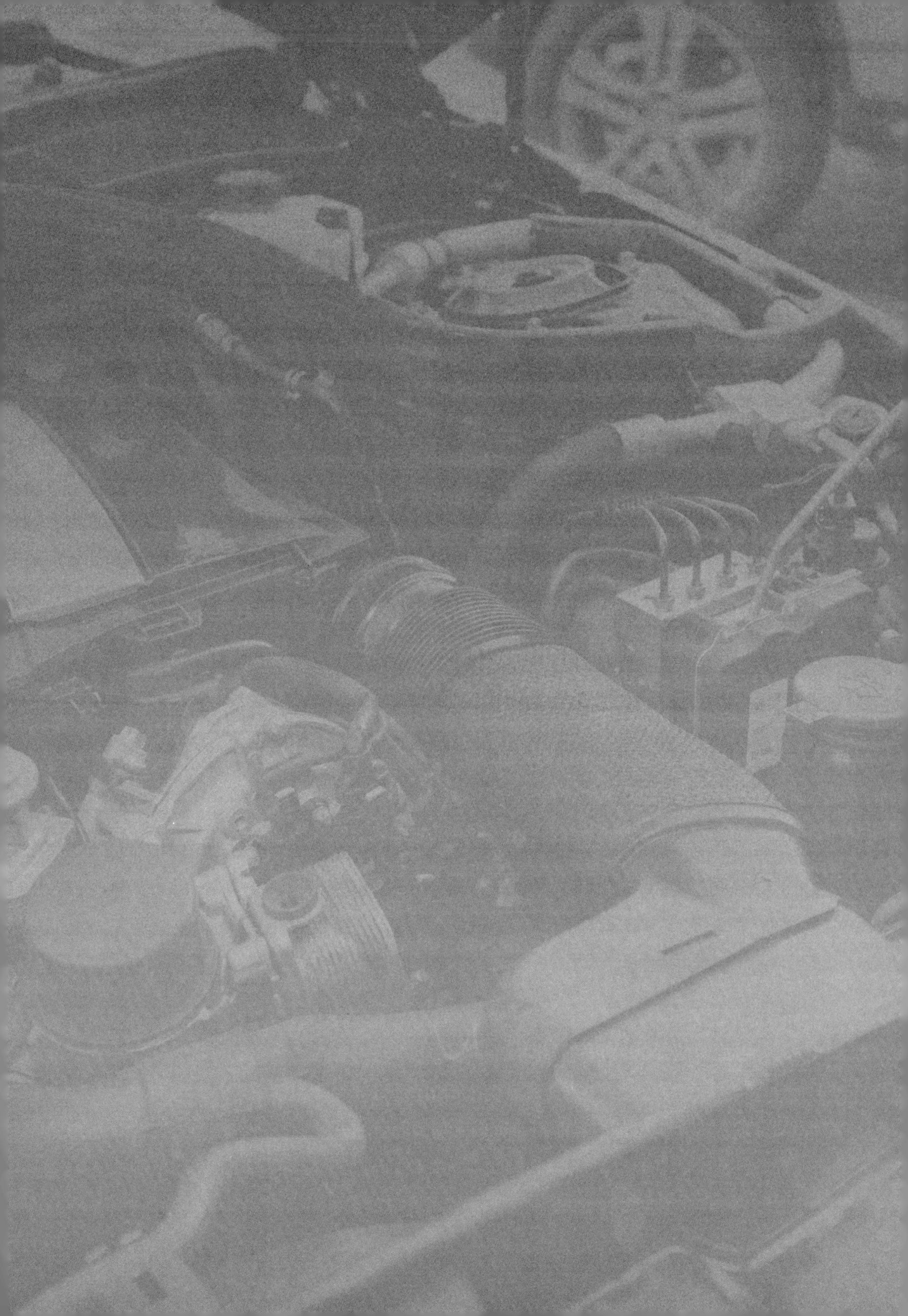

Lubricating Oil, Grease and Auxiliary Products for Automobile and Ship

第十四章 润滑油的主要理化指标及其检测

Chapter 14

润滑油是一种技术密集型产品，是基础油(通常是复杂的碳氢化合物混合体)及相应添加剂的混合物，其使用性能是复杂的物理或者和化学变化过程的综合效应，通常要用一系列的理化指标、模拟及使用性能指标以及台架试验指标三个层次来定义，不同产品可达到十余项乃至几十项。

这些性能指标及其实际测试数据会出现在产品规格及质量检验报告中，认识这些指标的意义，从而判断产品的质量及变化后对使用的影响对润滑油研发、销售、生产和使用人员来说都有非常重要的意义。其中，台架试验是采用某种典型的设备进行实际或强化工况试验后取得的评价数据，如发动机台架或液压泵台架等，一般耗时长、费用高，多半是在产品定型时测试。模拟及使用性能指标，是采用摩擦副或相似工况的条件实验后，测取相应指标数据，例如抗磨FZG及抗泡防锈防腐蚀等特性，其耗时和费用比台架低。但也是使用中或使用后的性能，多半要批量测试，但也有一些只做定型或定期测试。理化指标是润滑产品未使用的组成结构及性能，例如密度、黏度、元素含量、闪点、倾点等，测试成本最低，一般需要批次测试，所以往往是用户判断油品质量水平的最常用参数。

不同的润滑油所需要测试的理化指标也有所不同，但其中的一些项目是几乎每一个润滑油品所必须测试的项目，润滑油营销和应用人员对这些指标及其测试有所了解非常重要。在此选取最为重要的几个理化指标分别介绍，以期让读者对润滑油的基本性能有大概的了解。

本章一共10课，主要由润滑油的黏度、黏度指数、密度、色度、闪点和燃点、残炭、机械杂质、水分、酸值和碱值组成。其中，外观和色度是一个油品给人的第一印象，也是油品质量好坏及其稳定性最综合直观的一种反映，有些产品需要描述外观，有些则需要进一步测定色度；密度体现了润滑油体积和质量的换算关系，既是润滑油内在组成的反映也是商务交接的基础；黏度与黏度指数表现了油品的流动性能，是润滑油在使用中建立和保持油膜能力的体现，是润滑油最本质的特征；闪点和燃点反映了油品的安全性能，以及某些产品的使用条件；残炭是判断润滑油的性质和精制深度的项目；机械杂质为存在于润滑油中不溶于汽油、乙醇和苯等溶剂的沉淀物或胶状悬浮物，反映了油品的清洁程度，对于一些润滑油需要进一步用清洁度来定义；水分是润滑油中含水的百分数，一般润滑油中的水分越少越好；酸值和碱值分别为油品中含有酸性和碱性物质的指标，也可以从一个侧面反映润滑油中添加剂的种类及水平。

每一课都包含了试验原理、方法概要、试验适用的范围以及试验结果的表达方式等内容。

第一课 | 润滑油的外观与色度

润滑油的外观是产品固有特性的组成部分，是其物性的具体表现形式，是产品质量检验标准中一项基本技术要求和合格品判断依据，外观包括颜色、状态和气味三个方面，一般要求是"清澈透明均匀流体"等，由目测做出判断。

油品的颜色可以反映其精制程度和稳定性。精制程度较深的基础油，油中的氧化物和硫化物脱除得干净，颜色较浅。但是，即使精制条件相同，不同油源和类属的原油所生产的基础油，其颜色和透明度也可能是不相同的。在基础油中加入添加剂后，颜色也会发生变化，颜色作为判断油品精制程度高低的指标已失去了其原来的意义。

对于在用或储运过程中的油品，通过比较其颜色的历次测定结果，可以大致地评估其氧化、变质和受污染的情况。如颜色变深，除了受深色油污染的可能外，则表明油品氧化变质，因为胶质有很强的着色力，重芳烃有较深的颜色；假如颜色变成乳浊，则表明油品中有水或气泡的存在等。

润滑油的色度，除用视觉直接观察（即目测）外，在实验室中我国采用GB/T 6540《石油产品颜色测定法》。

GB/T 6540参照ASTM D1500，适用于各种润滑油、煤油、柴油和石油蜡等石油产品颜色测定。用带有玻璃颜色标准板的比色仪进行测定，玻璃颜色标准从0.5到8.0排列，共16个色号，色号越大，表示颜色越深。将试样注入比色管内，开启一个标准光源，旋转标准色盘转动手轮，同时从观察目镜中观察比较，以相等的色号作为该试样的色号。如果试样颜色找不到确切匹配的颜色，而落在两个标准颜色之间，则报告两个颜色中较高的一个颜色，并在该色号前面加上"小于"两字。

图1　不同色度的油品

第二课 润滑油的密度与比重

密度是润滑油最简单最常用的物理指标，它既是质量控制参数，也是计量控制参数。

润滑油的密度随其组成中含碳、氧、硫的含量的增加而增大，因而含芳烃、胶质和沥青质多的密度最大，而含环烷烃多的居中，含烷烃多的最小。因此，根据密度在某种程度上可以判断油品的类型和成分。我国测定石油产品密度的方法主要有密度计法、比重瓶法和U形振动管法三种：

密度计法（GB/T 1884）。等效采用ISO 3675：1998《原油和液体石油产品密度实验室测定法（密度计法）》，利用阿基米德原理，即当被石油密度计所排开的液体重量等于密度计本身的重量时，则密度计处于平衡状态，稳定地漂浮在液体石油产品中，此时便可以从密度计上的刻度读出其密度值。该方法是经典的石油产品密度测量方法，费用低，操作简便，被普遍应用，缺点是样品用量大、清洗麻烦，易受外界环境因素干扰。

比重瓶法（GB/T 2540）。用于测定液体或固体石油产品，但不适宜测定高挥发性液体的密度。根据密度的定义，试验规定在20℃下进行，先测定该比重瓶被水充满时水的重量（即为其水值），然后再测定其被石油产品充满时同体积石油产品的重量，最后通过公式计算即可得到该石油产品在20℃下的密度。该方法需严格控制测试温度，比重瓶的洗涤、称重等操作较为麻烦，整个测试过程耗时长，一般情况下仅用于固体石油产品和一些深色、高黏度的重质石油产品的密度测定。

U形振动管法（SH/T 0604）。等效采用ISO12185：1996《原油和石油产品密度测定法—U形振动管法》。仅需将少量样品（一般少于1mL）注入控制温度的U形管中，记录振动频率或周期，用事先得到的U形管常数计算试样的密度，是近年来发展起来的新型自动测试方法，用样量少、测定快速简捷，便于清洗，获得了广泛应用。

比重亦称相对密度，是指物质在给定温度下（如20℃）的密度与4℃时纯水的密度之比值，用d表示，我国常用的比重是d_{20}，没有量纲，因而也就没有单位。

第三课　润滑油的黏度

黏度是润滑油流动性能的主要技术指标。绝大多数润滑油是根据其黏度大小来划分牌号的，黏度是各种机械设备选油、用油和换油的主要依据。黏度的度量方法分为绝对黏度和相对黏度两大类，绝对黏度分为动力黏度和运动黏度；相对黏度也称条件黏度，包括恩氏黏度、赛氏黏度和雷氏黏度。

润滑油行业中，最为常用的是运动黏度，它是流体在重力作用下流动阻力的度量。运动黏度通常采用经典的毛细管黏度计法进行测定，即在某一恒定的温度下，测定一定体积的流体在重力作用下流过检定好的毛细管黏度计的时间，再乘以毛细管黏度计常数，即为该温度下流体的运动黏度。在日常生活中可以通过观察其流动性来区分黏度大小，同一温度下，流动性越好，其运动黏度越小，反之流动性越差，运动黏度越大。

很多汽修厂的技师和老板一般都会认为，润滑油的运动黏度低对发动机的保护不好，如果对一款润滑油不满意，他们就会评价说"瞧你的润滑油和水似的"，言外之意，那就是润滑油运动黏度大的才好。其实这种认识是存在很大的误区的。

润滑油最大作用是减少发动机的摩擦，虽然润滑油的黏度越大，各运动机件摩擦表面间的油膜越厚，油膜强度高，有利于防止摩擦表面的磨损，但随之摩擦阻力也大，动力损失增加。另外，润滑油的黏度受温度的影响较大，温度越低，黏度越大；反之，温度越高，黏度越小。在冷车状态下启动发动机，会发现发动机的转速很高，这是因为润滑油的黏度过大、流量过少，所以发动机必须提高转速带动润滑油泵快速转动才能保证润滑油的合理流量，待润滑油温度上升、润滑油黏度下降后，发动机的怠速转数才能正常。因此，发动机润滑油的黏度不是越大越好，而是应在保证润滑的条件下，尽量选用黏度小的润滑油，低黏度化是节油的措施之一。有资料表明，合理范围内润滑油黏度降低1 mm^2/s，大约节约燃料1.5%。

只有科学地选择合理运动黏度的润滑油，才能保证发动机稳定可靠的工作状况。同时，对于在用润滑油液，运动黏度也是油品劣化的重要报警指标。在用油液氧化污染或与高黏度油液混用，运动黏度会显著增高；被燃油或低黏度油液混用，运动黏度会显著降低。

人们常说，设备的润滑油液就如同人的血液，那么润滑油液的运动黏度大小就如同血液的黏稠度，为了设备的健康，请关注润滑油的黏度！

第四课 | 润滑油的黏度指数

黏度指数是国际上广泛采用的控制润滑油黏温性能的质量指标,是表示油品黏度随温度变化这个特性的一个约定量值,用符号VI表示。黏度指数越高,表示油品黏度受温度的影响越小,其黏温性能越好,反之越差。润滑油的黏温性能主要决定于其化学组成,取决于油品所含的直链烃、支链烃、环烃、芳烃和沥青胶质的结构和组成比例。

黏度指数是将润滑油试样与一种黏温性较好(黏度指数为100)及另一种黏温性较差(黏度指数为0)的标准油进行比较,而得出表示润滑油黏度受温度影响而变化程度的相对数值。对于工作温度变化范围较大的润滑油,若其黏温性能不好,会对机械的功率和摩擦部位的磨损产生很大影响。

石油产品的黏度指数可通过GB/T 1995计算法和GB/T 2541查表法得到。计算法包括A法和B法两个方法。A法适用于黏度指数≤100的石油产品;B法适用于黏度指数≥100的石油产品,由40℃和100℃运动黏度按相应的公式计算其黏度指数。还可通过已知油品的黏度指数和100℃运动黏度,查找其40℃运动黏度。

GB/T 1995等效采用ASTM D2270,采标程度高,GB/T 2541直接查表方便简捷,这两个方法都已普遍用于润滑油产品黏度指数的检测。

表1 查表法黏度指数数值表

VI	100℃运动黏度,mm^2/s									
	2.00	2.01	2.02	2.03	2.04	2.05	2.06	2.07	2.08	2.09
	40℃运动黏度,mm^2/s									
100	6.394	6.444	6.494	6.544	6.594	6.644	6.694	6.744	6.794	6.844
101	6.380	6.430	6.480	6.530	6.579	6.629	6.679	6.729	6.779	6.828
102	6.367	6.416	6.466	6.515	6.565	6.615	6.664	6.714	6.763	6.813
103	6.353	6.403	6.452	6.501	6.551	6.600	6.650	6.699	6.748	6.798
104	6.340	6.389	6.438	6.487	6.537	6.586	6.635	6.684	6.733	6.782

续表

VI	100℃运动黏度，mm²/s									
	2.00	2.01	2.02	2.03	2.04	2.05	2.06	2.07	2.08	2.09
	40℃运动黏度，mm²/s									
105	6.327	6.376	6.425	6.474	6.523	6.572	6.621	6.670	6.718	6.767
106	6.314	6.362	6.411	6.460	6.509	6.558	6.606	6.655	6.704	6.753
107	6.301	6.349	6.398	6.446	6.495	6.544	6.592	6.641	6.689	6.738
108	6.288	6.336	6.385	6.433	6.481	6.530	6.578	6.626	6.675	6.723
109	6.275	6.323	6.371	6.420	6.468	6.516	6.564	6.612	6.661	6.709

润滑油的黏温性能好坏对润滑油的使用有重要意义，请关注黏度指数！

第五课 润滑油的闪点和燃点

闪点是指在规定条件下，加热油品所逸出的蒸气和空气组成的混合物与火焰接触发生瞬间闪火时的最低温度。在闪点温度下，只能使油蒸气与空气所组成的混合物燃烧，而不能使液体油品燃烧。这是因为在闪点温度下油蒸发速度慢，蒸气混合物很快烧完，来不及产生持续燃烧所需的新蒸气，燃烧即停止。因此，闪点相当于加热油品使空气中油蒸气浓度达到爆炸下限时的温度，也就是说油品通常在爆炸下限时闪火。

闪点是表示油品挥发性的一项指标。从油品闪点可判断其馏分组成的轻重，油品的馏分越轻，挥发性越大，其闪点也越低。反之，油品的馏分越重，挥发性越小，其闪点也越高。同时，闪点又是表示石油产品着火危险性的指标。油品的危险等级是根据闪点划分的，闪点在45℃以下为易燃品，45℃以上为可燃品。在黏度相同的情况下，闪点越高越好。

燃点是石油产品在规定的条件下，加热到接触火焰能够点燃，并燃烧不少于5s时的最低温度，均以℃表示。燃点也是油品的安全性能指标，反映油品的着火、燃烧性能，用开口杯法测定。对不同的油品来说，闪点越高，其燃点也越高，对同一油品来说，燃点一般比闪点高20~60℃。

根据石油产品性质、使用及测定条件的不同，闪点的测定分为闭口杯法和开口杯法两种。闭口杯法（GB/T 261）通常用于测定挥发性较大的轻质石油产品的闪点；开口杯法（GB/T 267和GB/T 3536）用于测定润滑油和深色石油产品的闪点和燃点，应用都很普遍，GB/T 267参照苏联标准制订，用于测定润滑油和深色石油产品；GB/T 3536等效采用国际标准制订，在润滑油及相关产品标准制定中，常作为仲裁方法，使用克利夫兰开口杯仪器测定石油产品的闪点和燃点，不适用于测定燃料油和开口闪点低于79℃的石油产品。

对于某些润滑油来说，同时测定开口和闭口闪点，可作为油品含有低沸点混入物的指标，用于生产检查，对于同一种润滑油，通常开口闪点要比闭口闪点高20~30℃。对电器用油和航空润滑油等在密闭容器中使用的润滑油，用开口杯法测定时，可能发现不了易于蒸发的轻质组分的存在（这些轻质组分在密闭容器中与空气混合后，有着火或炮爆炸的危险），所以规定要用闭口杯法进行测定。

第六课　润滑油的机械杂质与清洁度

石油产品的机械杂质是指存在于油品中所有不溶于汽油、苯或乙醇—乙醚（4∶1混合）、乙醇—苯（1∶4混合）等溶剂的沉淀物或胶状悬浮物。机械杂质来源于润滑油的生产、贮存和使用中的外界污染或机械本身磨损，大部分是砂石、铁屑、尘土和积炭等，以及由添加剂带来的一些难溶于溶剂的有机金属盐类。

机械杂质是反映油品纯净性的质量指标。润滑油中的机械杂质，特别是能擦伤机械表面的坚硬固体颗粒，会增加发动机零件的磨损和堵塞滤油器。一般来讲，润滑油基础油的机械杂质都应该控制在0.005%（质量分数）以下（也称为"无"），加入添加剂后成品润滑油的机械杂质一般都会有所增加，通常要求机械杂质≤0.01%（质量分数）。对于一些加有大量添加剂的油品，机械杂质的指标表面上看是大了一些（如高档内燃机油），但主要是加入了多种添加剂后所引入的溶剂不溶物，这些胶状的金属有机物，并不影响使用效果，所以不应简单地用"机械杂质"的大小来判断油品的好坏，而是应分析"机械杂质"的内容。

使用中的润滑油，除含有尘埃、砂土等杂质外，还含有炭渣、金属屑等。这些杂质在润滑油中集聚的多少随设备的使用情况而不同，对设备磨损的程度也不同，不能单独作为润滑油报废或换油的指标。

机械杂质的测定按GB/T 511《石油产品和添加剂机械杂质测定法（重量法）》，称取100g的试样加热到70~80℃，加入2~4倍的溶剂，在已恒重的滤纸上过滤，用热溶剂洗净滤纸后再恒重，称量滤纸的前后重量之差就是机械杂质的量，由此求出机械杂质的含量。

液压油、汽轮机油以及冷冻机油等油品对其中"杂质"的限制是用清洁度来衡量的，常用的清洁度测试方法一种是NAS 1638标准，另一种是ISO 4406—1999标准。NAS 1638清洁度标准是判断每100mL油液内的最大颗粒数，分为5~15μm，15~25μm，25~50μm，50~100μm，100μm以上5个计数尺寸段，按其中最高污染的尺寸段确定油品的清洁度等级；ISO 4406—1999标准是判断100mL油液中＞4μm、＞6μm、＞14μm的颗粒数。我国等效采用ISO 4406—1999标准，形成GB/T 14039—2002《液压传动油液固体颗粒污染等级代号》。

第七课 润滑油的水分

润滑油含水，会造成油品的乳化和油膜破坏，降低润滑效果而增加磨损；还能促进机件腐蚀和加速油品氧化变质；也会使添加剂（尤其是金属盐类）发生乳化、沉降、分解而失效，产生沉淀、堵塞油路，妨碍润滑油的循环和供应。如果润滑油含水太多，而使用温度又接近冰点会使润滑油流动性变差、黏温性变坏；若使用温度较高，水会汽化，不但破坏油膜而且产生气阻，影响润滑油的循环。对于变压器油，水的存在会使介电损失角急剧增大，而耐电压性能急剧下降，以致引起事故。因此，水分是润滑油最重要的性能指标之一。

石油产品有一定的吸水性，能从大气或与水接触时，吸收和溶解一部分水，要把这类极少的溶解水完全除去比较困难，因此除了航空油料和电器绝缘用油外，一般油品允许含有少量的水，应小于0.03%，即痕迹。

测定石油和石油产品水分的方法较多，可以根据油品的种类和含水量的多少，选择相应的试验方法，最常用的方法是GB/T 260《石油产品水分测定法》，利用蒸馏的原理，将一定量的试样和无水溶剂混合，在规定的仪器中进行蒸馏，溶剂和水一起蒸发出并冷凝在一个接收器中不断分离，由于水的密度比溶剂大，水便沉淀在接收器的下部，溶剂返回蒸馏瓶进行回流。随着不断地蒸馏，水分不断被溶剂携带出来，沉降到接收器下部。根据试样的用量和蒸发出水分的体积，计算出试样中水的含量，作为测定结果。当水的含量少于0.03%时，认为是痕迹；如果接收器中没有水，则认为试样无水。

石油和石油产品中的微量水通常用GB/T 11133卡尔·费休法测定，分为电量法和容量法（图2）两种，原理都一样，只不过判断终点的方法不同而已。按照

图1 润滑油水分测定

经典的卡尔·费休反应,卡氏试剂中的碘与试样中的水反应生成硫酸吡啶,硫酸吡啶再进一步与甲醇反应生成甲基硫酸吡啶。反应终点通过双铂电极指示,根据消耗的卡氏试剂体积,计算出试样的含水量。

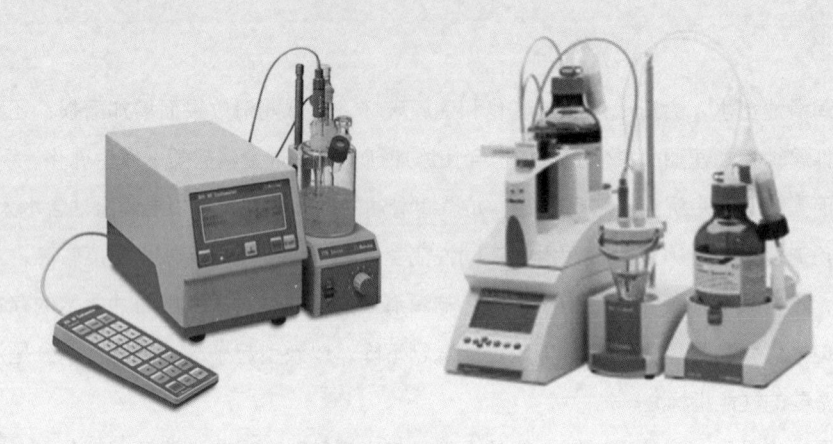

(a)电量法　　　　　　　　　　(b)容量法

图2　电量法和容量法测定润滑油水分

第八课 润滑油的残炭与灰分

油品在规定的条件下，受热蒸发和燃烧后形成的焦黑色残留物称为残炭，以质量分数表示，主要是油品中沥青质、胶质及多环芳烃的叠合物。残炭是润滑油中胶状物质和不稳定化合物含量的间接指标，也是矿物润滑油基础油的精制深浅程度的标志。精制较浅的基础油中含硫、氧和氮化合物较多时，残炭就高；精制深的基础油残炭就小。

许多成品润滑油都含有金属、硫、磷、氮元素的添加剂，它们的残炭值很高，残炭测定已失去本来意义，一般仅控制其基础油的残炭，而不控制成品油的残炭。但对内燃机油和压缩机油，残炭值是影响积炭倾向的主要因素之一，残炭值越高，其积炭倾向越大，在压缩机气缸、排气阀座上的积炭就多，在高温下容易发生爆炸。

残炭测定法有康氏法、微量法、电炉法、兰氏法四种。我国通常采用GB/T 268《石油产品残炭测定法（康氏法）》和GB/T 17144《石油产品残炭测定法（微量法）》，这两种方法对于残炭大于0.10%的样品，其测定结果是等效的。GB/T 268参照采用国际标准ISO 6615：1983《石油产品残炭测定法（康氏法）》，是把已称重的试样置于坩埚内，在康氏残炭测定仪中进行分解蒸馏。残余物经喷灯强烈加热一定时间即进行裂化和焦化反应。在规定的加热时间结束后，将盛有炭质残余物的坩埚置于干燥器内冷却并称重，计算残炭值（质量分数）。康氏法要严格控制预热期、燃烧期和强热期三个阶段的加热时间和加热强度，且火焰不易控制。GB/T 17144等效采用国际标准ISO 10370：1993《石油产品残炭测定法（微量法）》，其测定范围是0.10%～0.30%（质量分数），对残炭值超过0.10%（质量分数）的石油产品，测定结果与GB/T 268康氏残炭法结果等效。对于残炭值低于0.10%（质量分数），由馏分油组成的石油产品，应先用GB/T 6536方法制备10%（体积分数）蒸余残留物，然后再用本标准进行测定。测试方法是将已称重的试样放入一个样品管中，在惰性气体（氮气）气氛中，按规定的温度程序升温，将其加热到500℃，在反应过程中生成的易挥发性物质由氮气带走，留下的炭质型残渣占原样品的质量分数报告残炭值。微量法测定残炭是目前国际通用标准，被广泛采用，并逐渐替代电炉法和康氏法。

灰分是指在规定条件下，灼烧后剩下的不燃烧物质，其组成一般是一些金属元素及其盐类。灰分对于不同的油品具有不同的概念，对基础油或不加添加剂的油品来说，灰分可用于判断油品的精制深度。对于加有金属盐类添加剂的油品来说，灰分就成为控制添加剂加入量的手段，一般用硫酸盐灰分来代替灰分，试验方法为GB/T 2433《添加剂和含添加剂润滑油硫酸盐灰分测定法》，点燃试样并烧至只剩下灰分和碳为止，冷却后用硫酸处理残留物并在775℃下加热，直到碳完全氧化并恒重，即可算出硫酸盐灰分的质量分数。

第九课 润滑油的酸值和碱值

润滑油的酸值是指中和1克石油产品中的酸性物质所需的氢氧化钾毫克数,用mg KOH/g表示,是表征油品中酸性物质总量的指标。润滑油中的酸性物质对机械都有一定程度的腐蚀性,特别是在有水分存在的条件下,其腐蚀性更大。另外,润滑油在贮存和使用过程中被氧化变质,酸值也会逐渐变大,常用酸值变化大小来衡量润滑油的氧化安定性,故酸值是油品质量中应严格控制的指标之一。对于在用油品,当酸值增大到一定数值时,就必须更换。

测定酸值的方法分为两大类,一类是颜色指示剂法,即根据指示剂的颜色变化来确定滴定的终点,如GB/T 264或GB/T 4945等,图1为GB/T 4945方法滴定到终点时的颜色。另一类为电位滴定法,即根据电位变化来确定滴定终点,主要用于指示剂呈现的滴定终点不明显的深色油品等的酸值测定,如GB/T 7304。

我国石油产品酸值的测定方法主要使用GB/T 4945和GB/T 7304。GB/T 4945采用甲苯—异丙醇—水作滴定溶剂,由于溶剂极性强,提高了油品的溶解性,并且滴定终点指示明确,使得测定更为准确,其测试过程也简便、快捷。GB/T 7304和GB/T 4945采用同一体系,只是终点判断采用电位突跃。GB/T 264俗称"热法酸值",是用沸腾的乙醇抽提出试样中的酸性组分,然后用氢氧化钾乙醇溶液滴定,滴定温度和试样颜色对此方法的准确性影响较大,并且因油品性能的提高,使其配方日益复杂,此方法已无法满足要求,现已很少使用。

润滑油的碱值是指中和1g试样中全部碱性组分所需酸的量,单位为mg KOH/g,是表征油品中碱性组分的指标。碱值是内燃机油的重要质量指标,可间接反映其所含清净分散剂的多少。内燃机油使用过程中,监测其碱值的变化,可以反映出润滑油中添加剂的消耗情况。

图1 润滑油酸值碱值测定

石油产品的碱值测定可按SH/T 0251《石油产品碱值测定法（高氯酸电位滴定法）》和SH/T 0688《石油产品和润滑剂碱值测定法（电信滴定法）》标准方法进行，但两种方法测定的结果没有必然关联。SH/T 0251是以石油醚—冰乙酸为溶剂，用0.1mol高氯酸冰乙酸标准溶液进行非水滴定来测定石油产品和添加剂中碱性组分的含量。SH/T 0688是以甲苯、异丙醇、三氯甲烷和微量水组成混合溶剂，用0.1mol盐酸异丙醇标准溶液进行滴定来测定石油产品和润滑剂中碱性组分的含量，适用于测定碱值小于70mg KOH/g的石油产品和润滑剂，也可用于测定大于70mg KOH/g的碱值，但精密度未做考察。

第十课 润滑油的皂化值

石油产品含有一些能与碱形成金属皂的添加剂，如脂类。此外，有些在用润滑油，尤其是在用汽轮机油和内燃机油，也含有一些能与碱发生类似反应的化合物。皂化值就是指1g试样以特定的方式与碱共热时所消耗碱的量。由此可以估计试样中存在的酸的量，即在加热条件下已转化成金属皂的任何游离酸以及复合酸。

润滑油的皂化值的测定依据GB/T 8021，包括颜色指示剂法和电位滴定法两种测定法。

将一定量的试样溶解在适宜的溶剂中，如丁酮（甲基乙基酮）、二甲苯、溶剂油或它们的混合溶剂中，并与定量的氢氧化钾乙醇溶液一起加热。过量的碱用酸标准溶液进行滴定，最后计算出皂化值，滴定开始时为淡红色，滴定到终点时指示剂颜色消失。由于加入石油产品中的硫、磷、卤素化合物以及其他一些元素的化合物也能消耗酸或碱，因此，测定结果除了取决于油品中可皂化组分外，还受上述外界因素的影响，对含有这类化合物的石油产品以及在用内燃机油、曲轴箱油和汽轮机油的皂化值测定结果要对外界影响因素进行详细说明。

参考文献

[1] 李桂云, 汪利平, 金理力, 等. 汽油机油的发展及应对措施 [J]. 润滑油, 2017, 32(4): 1-5.

[2] 薛卫国, 金志良, 谢建海, 等. 有机减摩剂在汽油机油中的性能研究 [J]. 润滑油, 2018(3).

[3] 杨慧青. 从GF-4质量要求看汽油机油的发展 [J]. 高桥石化, 2005(1): 46-49.

[4] 林磊, 卢文彤. 欧洲车用润滑油ACEA规格的发展 [J]. 润滑油, 2017, 32(2): 58-64.

[5] 黄小珠, 邓诗铅, 王明, 等. 柴油机油规格的发展及高档柴油机油配方研究进展 [J]. 石油商技, 2016(5): 23-27.

[6] 石顺友, 王雪梅. 美国重负荷柴油机油新规格CK-4和FA-4及其影响 [J]. 润滑油, 2017(6): 47-55.

[7] 黄丽敏. 下一代柴油机油规格PC-11和汽油机油规格GF-6开发进展 [J]. 石油炼制与化工, 2016(5): 100-100.

[8] 石顺友, 王雪梅, 赵艳丽, 等. 日本重负荷柴油机油规格的建立与发展 [J]. 润滑油, 2018(3).

[9] 刘志军. 车用汽油及其添加剂综述 [J]. 化工设计通讯, 2018(1): 233-233.

[10] 陈昊, 韩斌, 陈轶嵩, 等. 天然气汽车发展现状及趋势 [J]. 中国能源, 2018(2).

[11] 刘功德, 曹聪蕊, 佘海波, 等. 低灰型燃气发动机油的应用研究 [J]. 润滑油, 2016, 31(2): 12-16.

[12] 李茂生, 杜群贵, 贾继欣. 汽车自动变速器油的技术现状与发展趋势 [J]. 润滑与密封, 2014, 39(1): 101-106.

[13] 水琳, 李万英, 薛群基. 车辆手动变速箱油的摩擦学性能研究 [J]. 摩擦学学报, 2010, 30(2): 179-183.

[14] 张宽德, 谢惊春. 手动变速箱油的评定技术发展 [J]. 润滑油, 2010, 25(2): 6-9.

[15] 张继平，糜莉萍，张红奎，等．手动变速箱油摩擦特性与同步耐久性关系初探[J]．石油炼制与化工，2013，44(12)：86-90．

[16] 李茂生，贾继欣，杜群贵．汽车无级变速器油(CVTF)的摩擦学特性[J]．润滑与密封，2015，40(3)：21-25．

[17] 王尔烈，陈慧岩，孟飞，等．汽车自动变速器油综述[J]．液压与气动，2011(8)：3-7．

[18] 文彦龙，徐魏．双离合自动变速器油的性能要求简述[J]．合成润滑材料，2014，41(2)：17-20．

[19] 郭珍，张国茹，杜雪岭，等．8AT自动变速箱油的性能评价及应用[J]．石油商技，2017(3)：46-51．

[20] 任正时，姜晓辉，丁扬，等．我国车用汽柴油质量升级进程及其积极意义分析[J]．中国石油和化工标准与质量，2017，37(11)：39-41．

[21] 徐晓宇，王智．新能源汽车的发展与特点[J]．中国科技纵横，2016(3)．

[22] 朱文燕．纯电动汽车的发展现状及性价比[J]．发展改革理论与实践，2016(11)：16-19．

[23] 熊梓涵．车用柴油质量分析及添加剂改进效果研究[D]．成都：西南石油大学，2016．

[24] 刘泽民．车用油品改善技术对柴油机排放影响的试验研究[D]．北京：中国环境科学研究院，2016．

[25] 孙元宝，邱贞慧．中美Ⅰ型航空润滑油GJB135A与MIL-PRF-7808L对比分析[J]．山东化工，2017，46(18)：82-83．

[26] 宗营，姜旭峰，冯丹．石油基航空润滑油抗氧剂种类和抗氧化机理[J]．化工时刊，2016，30(9)：27-30．

[27] 彭显才，费逸伟，姚婷，等．航空润滑油关键性使用指标分析[J]．化工时刊，2016，30(4)：36-40．

[28] 李静，徐小红，杨俊杰．KAJ780燃气涡轮航空润滑油的研制[J]．润滑油，2017，32(5)：18-22．

[29] 朱廷彬．润滑脂技术大全[M]．北京：中国石化出版社，2015．

[30] 中国石油学会石油炼制分会．全国第十九届润滑脂技术交流会论文集[c]．福州，

2017.

[31] 梅凤德, 戴辅民, 张素桦, 等. 汽车润滑脂的发展及汽车用新型润滑脂的开发 [C]. 中国汽车工程学会油料委员会年会论文专辑. 2002.

[32] 胡轶, 董文江, 张新辉等. 汽车行业用润滑脂的发展状况 [J]. 甘肃科技, 2007, 23(1): 152-154.

[33] 赵坤, 苏达士. 汽车转向系统用四点接触球轴承润滑脂选用分析及测评 [J]. 轴承, 2016 (9): 46-47, 51.

[34] 米红英, 陈德友, 郭小川. 川藏公路上汽车轮毂轴承润滑脂的使用现状 [J]. 合成润滑材料, 2011, 38(1): 17-18.

[35] 钟泰岗. 关于车用润滑脂的几点认识和思考 [J]. 石油商技 (双月策划), 2008 (1): 38-43.

[36] 朱延彬. 汽车用润滑脂概况 [J]. 合成润滑材料, 1997 (1): 19-26.